LETTRE D'UN HUSSARD DE LA RÉPUBLIQUE

avant qu'il ne soit trop tard

DIDIER LEMAIRE

LETTRE D'UN HUSSARD DE LA RÉPUBLIQUE

avant qu'il ne soit trop tard

Robert Laffont

92, avenue de France 75013 Paris
ISBN 978-2-221-25741-8
Dépôt légal : septembre 2021

« Le monde n’est pas une carte postale. »

Arthur SCHOPENHAUER

La mort d'un héros

Lundi 21 novembre 2005. En pleine période d'« émeutes dans les banlieues ». Partout en France, on caillasse, on brûle – les écoles, les gymnases, les commissariats, tout ce qui ressemble à un bâtiment public – on attaque les forces de l'ordre. À Trappes, la Trésorerie générale et le dépôt de bus de la RATP sont partis en fumée. Une maternelle aurait même failli brûler. Le ministre des Affaires étrangères d'alors, Philippe Douste-Blazy, avertit : « Le grand danger que nous avons aujourd'hui dans nos quartiers, c'est de perdre la bataille de l'intégration et de voir s'y substituer une radicalisation des mouvements politiques basés sur la religion. »

Il est à peine 8 heures. J'entre par l'arrière du lycée, gravis deux à deux les marches du long escalier qui me conduit au premier étage. Sans passer par la salle des professeurs, je m'installe dans ma classe. Je dispose de confortables minutes d'avance. Toutefois, une odeur désagréable, âcre, me trouble. Un nouveau produit ménager ? C'est étrange. J'essaie de me concentrer sur mon cours. Les élèves arrivent. Une classe littéraire. Huit heures de philosophie par semaine, une discipline qui compte pour leur bac. Des élèves engagés, attentifs, courtois. Le cours les intéresse. À 9 heures, on frappe. La proviseure nous annonce que notre responsable technique, Alain Lambert, est mort dans la nuit au lycée. Il est descendu de son appartement vers 4 heures pour tenter d'éteindre l'incendie de sa voiture. Des cocktails Molotov auraient été lancés. On l'a trouvé inanimé sur le sol. Une enquête déterminera les causes de sa mort. Elle ressort.

J'imagine la scène, juste en bas, à une poignée de mètres d'ici, il y a à peine quelques heures. Les bruits qui l'ont réveillé. Son angoisse. Ses efforts pour tenter de maîtriser les flammes. Sa chute. Les secours qui n'ont pas réussi à le ranimer. Les élèves restent silencieux. Nous partageons ce silence. Je leur dis que je suis trop ému pour continuer le cours et que je ne peux pas faire comme s'il n'était rien arrivé. Je les invite à quitter la classe. « Vous restez pendant ces deux heures sous ma responsabilité.

Merci de ne pas sortir du lycée. Je sais que je peux avoir confiance en vous. »

Sophie m'interrompt. Une élève toujours appliquée, qui rend des copies bien fournies. Elle aime la contradiction, commence souvent ses phrases par un « oui, mais ». Elle n'est pas contente. « On est venus ce matin spécialement pour le cours de philosophie. Après, on a un gros trou dans notre emploi du temps. Et le bac à la fin de l'année. On n'est pas venus pour rien, on ne veut pas perdre deux heures. Monsieur, nous vous demandons de rester et de faire votre cours. » D'autres élèves protestent.

Je suis un peu étonné. Pourquoi ces reproches ? Je ne m'absente pas à la légère. Je leur réponds qu'il vient d'arriver un événement tragique, que je ne vais pas chercher à les convaincre, que ma décision m'appartient. Je leur demande de réfléchir à la situation. Je m'engage à en discuter un autre jour s'ils le souhaitent, les salue et sors.

Dans la salle des professeurs, le brouhaha ordinaire. Des collègues qui s'affairent. La photocopieuse tourne à plein régime. Je croise les yeux d'Anne-Marie. Je devine sa tristesse. Elle a pris congé de ses élèves. Nous sommes les deux seuls professeurs à nous être arrêtés. Les autres se retranchent derrière leur devoir. On ne peut pas abandonner les élèves toute la journée.

C'est une évidence. Mais comment ne pas marquer cet événement par un acte solennel ? Un acte humain ?

Je descends dans le bureau de la proviseure et tente de la convaincre de suspendre les cours pour la journée. Je lui demande de réunir tous les élèves dans la cour, de leur parler et de rendre hommage à notre collègue. Elle s'agace. Je lui explique que nous sommes responsables, nous adultes, de ce qui arrive ici. Que nous devons avoir une parole. Elle ne veut rien entendre. « Vous n'allez pas me dicter ce que je dois faire. »

Dehors, sur le bitume, les traces mal effacées de l'incendie.

Je remonte en salle des professeurs. Sophie m'attend devant la porte. « Monsieur, nous avons réfléchi. Nous avons décidé d'organiser une collecte pour la famille. » Je la regarde un instant plein d'admiration et lui souris.

10 h 30. C'est l'heure de la récréation. Le ministre de l'Éducation nationale, M. Gilles de Robien, entre dans la salle des professeurs. « Je suis ici pour vous apporter mon soutien face au drame qui s'est

produit. » Un discours bref, sobre, digne. L'accueil est glacial. Aucun dialogue ne se noue.

À midi, c'est le tour du président de la région Île-de-France, Jean-Paul Huchon. Tout à l'heure, c'était un face-à-face. Là, c'est une ronde. Une demi-heure de discours, des promesses en veux-tu en voilà. On parle bientôt d'argent, de rénovation. Les fenêtres en bois ferment mal, les rideaux occultants sont à peu près tous cassés, certaines salles sont mal chauffées, il n'y a aucune clôture d'enceinte, et le parking n'est pas sécurisé ; d'ailleurs, on n'arrête pas de se faire cambrioler nos automobiles. Un lycée comme le nôtre, en zone d'éducation prioritaire, devrait bénéficier de moyens supplémentaires. Ce n'est pas normal. Ne manque à ce meeting improvisé que les applaudissements. Un politicien en campagne. Bonhomme. Proche des gens. Pas un nom à particule, celui-là ! Il ne nous abandonnera pas, lui. J'apprendrai deux ans plus tard sa condamnation à six mois de prison avec sursis et 60 000 euros d'amende pour prise illégale d'intérêt dans des marchés publics. Dans sa grande mansuétude, la Justice est revenue en appel sur sa condamnation à un an d'inéligibilité.

À 15 heures, la proviseure convoque finalement tous les élèves dans la cour et rend hommage à Alain

Lambert. Un beau discours. Elle loue son dévouement et ses qualités humaines. Une minute de silence. Puis tous les cours reprennent. Il ne faudrait quand même pas que ces cérémonies empiètent sur le cours normal des choses.

En rentrant chez moi, je repense à la longue conversation que j'ai eue avec Alain Lambert, à peine une semaine avant sa mort. Je l'avais aperçu sur le parking en sortant du lycée. Il était revêtu de sa blouse bleue. Un homme massif de taille moyenne, le regard franc. La cinquantaine. Une voix grave de fumeur, pas du genre à mâcher ses mots. Pognes calleuses et belles poches sous les yeux.

Cela faisait déjà cinq ans qu'on se croisait, tous les deux, et on n'avait pas dû échanger plus de quatre mots, toujours les mêmes. Ce jour-là, pensant à la situation périlleuse qu'il devait endurer, seul membre de « l'équipe administrative » à habiter au lycée, je décidai de m'aventurer au-delà des banalités d'usage. Je lui demandai comment il vivait les événements. Il me parla pendant près d'une heure. D'abord des récentes tentatives de cambriolage qu'il avait plusieurs fois déjouées la nuit. Des effractions dans les appartements vides. Des portes cassées, des dégradations. De sa crainte de se faire attaquer. Puis, d'un air résigné, il évoqua ses difficultés de sommeil.

Il guettait le moindre bruit. Cela faisait plusieurs semaines qu'il était sur le qui-vive. Il redoutait le pire. Pour assurer sa sécurité, le rectorat avait mis en place une ronde effectuée par un maître-chien une fois par nuit. Une mesure dérisoire.

Quelques jours plus tard, un murmure d'élèves emplit le lycée. Si ça avait été un prof, tout le monde se serait arrêté. Mais un agent technique. Comment leur donner tort ?

Le mois suivant, le conseil d'administration mit fin au climat de mauvaise conscience qui enflait. Il fut décidé à l'unanimité qu'une plaque commémorative serait posée.

« Ici mourut Alain Lambert qui sauva notre lycée des flammes. »

Les héros, c'est bien pratique.

Sur le chemin de la philosophie

Quel chemin me conduisit à devenir professeur de philosophie ? Peut-être n'aurais-je pas dû devenir ce que je suis.

Enfant, j'avais surtout des prédispositions pour la rêverie et pour la poésie. J'aimais les vergers, les oiseaux et, plus que tout, les poèmes de Verlaine. J'en connaissais quelques-uns par cœur à force d'écouter, sur un vieux disque 45 tours, François Périer les réciter.

Vers ma dixième année, j'ouvris pour la première fois une grande et lourde encyclopédie noire. Ses allures de grimoire me fascinaient. Un océan de savoir insondable et illimité. J'aimais à voguer au fil des pages, des origines de la vie à l'histoire des civilisations, de l'astronomie aux mathématiques, des mathématiques à la physique, à la médecine et aux beaux-arts.

Lorsque, au hasard, je découvris pour la première fois ce mot étrange : « métaphysique ». Je m'arrêtai, interdit comme devant un monument impénétrable. Que voulaient bien dire ces expressions : « réalité du sujet », « adéquation entre le logos et la réalité empirique », « dogmatisme », « hypothèse solipsiste » ? La langue était abstraite, aride, aussi fascinante qu'hermétique. Un chapitre traitait du « problème de Dieu ». Le rapprochement de ces deux mots – « problème » et « Dieu » – me ravit. Il détonnait avec le prêchi-prêcha que les adultes réservent aux enfants. On pouvait donc raisonner sur Dieu comme sur un cercle ou sur n'importe quel autre objet. « Le panthéisme » me séduisit. J'aurais tant aimé que chaque être – un simple caillou, une humble personne – soit une partie indispensable de l'univers et ne puisse jamais sombrer dans l'insignifiance et le néant. Le panthéisme se rapprochait de la poésie. Mais comme me semblaient loin les vers de Verlaine !

Je survolai ensuite les différentes « preuves de l'existence de Dieu » et m'arrêtai, intrigué, sur la « preuve ontologique ». Ai-je saisi à cet âge l'argument de saint Anselme ou de Descartes, argument qui revient à dire que, si j'ai l'idée d'un être parfait, l'existence de cet être est comprise dans cette idée ? J'en doute.

Mon engouement pour la « métaphysique » commença cependant à se gâter. Ces démonstrations sur l'existence de Dieu heurtaient mes propres pensées. J'imaginais que, si Dieu existait, il ne pouvait correspondre à l'idée d'un être parfait. Il devait être au contraire bien imparfait pour avoir créé un monde si cruel et plein de malheurs. Ou bien, il n'existait pas. (Je ne pouvais concevoir qu'il ne répondit pas à mes prières.) Cette idée d'un Dieu parfait qui aurait créé un monde imparfait – pire encore : injuste ! – m'offusquait. N'était-ce pas une façon de justifier le mal ?

Ce n'est que bien plus tard, quand je lus Schopenhauer, que je compris pourquoi la plupart des hommes refusent d'admettre l'existence du mal ou le relativisent : ils n'ont pas la force de supporter le réel.

Ce premier contact avec la métaphysique me laissa une impression mitigée. Non pas parce que le sens de ces textes m'échappait – bien au contraire, cela attisait mon désir de comprendre –, mais la manière de traiter le « problème de Dieu » me décevait.

C'est à l'âge de treize ans que la philosophie entra soudain dans ma vie. J'étais en vacances sur l'île d'Oléron, dans la maison de mon oncle et de ma tante. Mon cousin venait de reposer un petit livre sur sa table de nuit, à côté d'une pile de classiques : des romans, un peu de théâtre, des essais, aucun ouvrage de poésie.

Son programme pour l'été. De mon matelas posé au sol, je l'interpellai pour savoir si ce livre était intéressant. Il marmonna deux-trois mots. « Pas mal. Un essai sur l'homme et sa condition. Ça parle de la vie. »

Tandis qu'il attrapait en haut de sa pile un autre classique, je fis glisser l'essai jusqu'à moi.

Dès les premières lignes, ce fut, comme dirait Emma Bovary de l'amour, « de grands éclats et des fulgurations ». Tout ce que je ressentais confusément sans jamais avoir pu l'exprimer était formulé d'une manière limpide, concise, et surtout sensible. L'opposé de ces pages impersonnelles sur l'auguste métaphysique découverte autrefois dans l'encyclopédie.

L'auteur ne se perdait pas dans des spéculations abstraites. Il se demandait simplement comment vivre dans un monde dépourvu de sens. « Le seul problème philosophique vraiment sérieux », selon lui, consistait à savoir si l'on peut accepter la vie en admettant la certitude de la mort, de la souffrance et de l'injustice. En un mot : peut-on vivre sans nier l'absurde ? Jamais personne n'avait décrit ce sentiment qu'il me semblait ressentir depuis toujours.

Il est possible, écrivait l'auteur, de traverser l'existence en se chargeant du poids de l'absurde, tel l'aventurier qui vit une vie passionnée, tel l'acteur qui refuse de prendre au sérieux ce qu'il est, tel le guerrier qui s'engage dans le combat, sachant qu'aucune victoire n'est définitive. Ou encore, grâce à l'art. Quand on a compris qu'aucune explication n'est suffisante, qu'aucune métaphysique ne pourra nous livrer la clé du monde, il ne reste plus qu'à donner à voir dans des créations les expériences les plus singulières de l'existence. N'était la dernière phrase du livre – « Il faut s'imaginer Sisyphe heureux » –, que je ne pus apprécier que bien des années plus tard, chacune de ces réflexions me montrait comment penser en restant lucide.

C'est ainsi que *Le Mythe de Sisyphe* de Camus me conduisit sur le chemin de la philosophie.

Les années qui suivirent, je ne cessai pourtant de m'égarer. Je passai de Sartre à Hegel et à Marx, et, à la fin de mon année de terminale, je me perdis deux ou trois mois dans les logorrhées grandiloquentes de Heidegger. Puis, ce fut l'université. Une longue errance.

À la fin de mes études supérieures, durant lesquelles j'avais été instruit de façon très disparate, je revenais peu à peu à moi-même. J'avais bénéficié de la lettre d'un professeur pour obtenir une carte annuelle de lecteur à la Bibliothèque nationale. Chaque matin, à 9 heures, je me présentais au guichet, allais m'asseoir à une table dans la sublimissime salle Labrouste, sous dix-huit mètres de hauteur, et je commandais des livres. Parfois, je croisais un ancien camarade de licence, qui traduisait Arendt en siphonnant une bouteille d'alcool cachée dans son sac. Ou un étudiant américain, de petite taille, aussi drôle que Woody Allen, qui préparait un mémoire sur le *Dictionnaire historique et critique* de Pierre Bayle, quand il ne draguait pas une étudiante en art installée dans l'allée en face de la sienne.

Kenneth et moi admirions ce livre de la toute fin du XVIIe siècle pour son génial système de notes organisant un hypertexte. Chaque article offre au lecteur un dédale de paradoxes, qui invite à regarder avec douceur la contradiction des opinions et des représentations du monde.

De mon côté, j'explorais les philosophes clandestins de la même époque et de la même veine, des philosophes que l'on appelle « libertins ».

Ces libres-penseurs étaient fort difficiles à trouver. La plupart avaient disparu dans l'oubli. De leur vivant, il était déjà délicat de les identifier, car ils se cachaient sous des pseudonymes ou dans l'anonymat pour déjouer la censure.

Certains n'hésitaient pas à écrire des pseudo-réfutations de systèmes philosophiques impies afin de les exposer subrepticement. Ils se jouaient ainsi de censeurs trop bornés pour saisir la supercherie.

Je découvris quelques trésors : une *Histoire critique de la philosophie*, parsemée d'anecdotes et de répliques fines, de rayonnantes *Réflexions sur les grands hommes qui sont morts en plaisantant*, et ce badinage, *L'Art de ne point s'ennuyer*. Ces deux textes me paraissaient d'autant plus extraordinaires qu'ils étaient conservés sous forme de microfilms. Dans une salle à l'étage, équipée de projecteurs, ils s'animaient en moi dans le silence et dans la nuit. J'exhumais et je m'amusais.

Mais cette passion pour les philosophes disparus fut bientôt contrariée. Mes projets de devenir allocataire de recherche furent stoppés. Confronté à l'opacité du système d'obtention de ces postes, je compris que, faute de solides appuis, il m'était impossible d'y prétendre. Aussi décidai-je de préparer les concours, et de devenir enseignant.

Pendant ce temps, Kenneth devint agent du renseignement américain. Il fréquentait les palaces parisiens où il rencontrait des généraux. Peut-être détenait-il, lui aussi, de précieux microfilms. La philosophie mène à tout.

La transmission

La machine administrative m'a envoyé là. Stagiaire dans la banlieue nord de Paris. Dans un lycée où des individus cagoulés peuvent débarquer dans une salle de classe, traiter un professeur de mathématiques de sale juif et le démolir avec des battes de base-ball.

Mes élèves, pourtant, ne semblent pas féroces. Mais on dirait que je les intéresse à peine. Ils ne doivent pas me prendre pour un « vrai prof ». Cependant, quelques-uns me lancent déjà des regards de défiance.

Le grand Demba, surtout, m'inquiète. Pourquoi reste-t-il debout si longtemps au fond de la classe, au lieu de s'asseoir comme les autres ? Il était absent en fin de trimestre ; j'apprends qu'il venait en cours armé d'un revolver.

Les mercredis après-midi, à l'Institut universitaire de formation des maîtres, je reçois les conseils des formateurs censés m'aider à devenir un enseignant compétent. Compétent, donc légitime. Trois clercs se chargent de me dispenser les linéaments de la pédagogie nouvelle. Démonstration à l'appui, ils expliquent comment se déplacer entre les tables permet de capter l'attention. Il se dit que l'apprenant doit devenir le propre constructeur de ses apprentissages. Comme lors d'une séance de psychothérapie de groupe, les stagiaires partagent leurs expériences et leur vécu. Épanouissement personnel, coopération, transversalité.

Je n'ai pas envie devenir ce qu'on attend de moi. Je préfère me réfugier dans la verticalité du savoir.

Un vieil inspecteur, de l'époque où les élèves étaient plus instruits, ne désapprouve pas ce choix. Lors de sa visite de validation de stage, il loue la qualité de mon explication de texte ; malgré son adoubement, je ne suis pas content de moi. Je dois me rendre à l'évidence : personne en dehors de lui n'a vraiment saisi le sens de ma leçon. Alors à quoi bon ?

Je doute trop de moi-même pour apprendre à mes élèves à douter. J'imite mes professeurs d'université du haut de leur chaire. Mal, mais cela me donne une contenance. Je suis trop jeune pour jouer au professeur.

Durant mes études, j'avais exercé dans les beaux quartiers comme précepteur. Je m'occupais chaque jour d'un jeune garçon. En m'inspirant des principes de *L'Émile* de Rousseau, j'avais acquis un certain art pour lui donner le goût de l'apprentissage. Mais comment transposer une pratique qui demande psychologie et patience à des élèves dont je ne sais rien, enfermés dans des classes comme dans des cages ?

L'année suivante, direction la Normandie. Dans la petite ville d'Évreux, tout tourne au ralenti. Les voitures, deux ou trois par feu. Mes élèves qui semblent endormis. Chaque jour, je fais 220 kilomètres et des provocations en classe, pour sortir de cette torpeur.

J'ai deux amis dans une classe littéraire : Jean-Christophe, qui ne m'en veut pas de l'avoir comparé à un bernard-l'ermite aux gants blancs, et Stéphanie, avec qui je prends plaisir à faire quelques pas après les cours, les jours où je troque la voiture pour le train.

Je tombe plusieurs fois malade. Mon nerf trijumeau se bloque. La moitié de mon visage reste paralysée. Le temps me paraît soudainement long. Je pense à quitter l'Éducation nationale. J'envoie des C.V. à droite, à gauche. Quand je décroche enfin un entretien d'embauche, c'est un père qui me demande d'assurer des cours pour sa fille.

J'essaie de relier mon enseignement à quelque chose qui puisse faire sens. Nous sommes en pleine partition de la Yougoslavie. La purification ethnique, les pillages, le viol, la torture, les meurtres des civils et un nouveau génocide sont perpétrés en Europe, dans l'indifférence des nations. Alors je fais réfléchir mes ouailles indolentes à ce qu'est la déshumanisation. En fin d'année, un collègue d'histoire me propose de recevoir Denise Holstein, une ancienne rescapée d'Auschwitz. Le témoignage de sa déportation nous laisse sans voix. Sa parole nous a transformés : elle a fait de nous les légataires d'un dépôt précieux.

Je commence à prendre conscience qu'enseigner n'est pas une affaire de compétences mais d'autorité. Il faut se charger du poids du monde. On ne transmet pas des connaissances, encore moins des savoir-faire. On transmet un héritage. Comment un élève voudrait-il acquérir un savoir s'il ne se sent pas dépositaire d'un bien qui le dépasse ?

Les années suivantes, je tâtonne. À Poissy, je me lie avec Bernard, un collègue passé par le situationnisme. Il écrit des pièces tragiques et regarde la vie comme une farce. Nous partons en Bourgogne déguster du bon vin. En cours, c'est parfois l'ennui, parfois plus réussi. Je patauge.

Un an passe. Je suis envoyé à Villeneuve-la-Garenne, dans un lycée solidement grillagé. Des caméras vidéo quadrillent chaque mètre carré. Quand j'entre tôt le matin, et que je traverse le parking et les couloirs déserts, je regarde ces yeux sans vie qui me suivent. L'année précédant ma venue, une enseignante a été tuée à la sortie. Une balle.

Je n'ai que deux classes, c'est plutôt confortable. Mais les élèves sont assez brutaux, et je peine à les adoucir.

Je poursuis mon périple de titulaire académique à Clichy. Dès le mois d'octobre, c'est l'incident. J'ai mis zéro à une copie de dix lignes. L'élève est furieux. Je lui explique qu'il ne peut prendre prétexte de sa religion pour refuser de réfléchir. Il veut crever les pneus de ma voiture. Devant mon indifférence, il menace de me tuer. Je le mets calmement dehors. Après un mois d'exclusion de mon cours, j'obtiens de vagues excuses. On m'apprend que ce karatéka à ceinture noire vient de Mantes-la-Jolie, où il a réduit en miettes un professeur. Il ne reviendra plus en classe. Trop de trajet, sans doute.

Un autre élève, de terminale scientifique, attire bientôt mon attention. Il est brillant, sérieux, taciturne. À la sortie d'un cours sur la vérité, il me toise. La philosophie, monsieur, c'est intéressant. Mais les sciences, vous savez, c'est tout de même autre chose. Au grand dam de mon collègue de physique, il choisit finalement de s'inscrire en philosophie.

Aurais-je suscité une vocation ? Je le crus mais après une licence à l'université, Paolo abandonna la philosophie pour d'autres élixirs : la mystique et le cirque.

Au lycée Galilée de Gennevilliers, il règne une atmosphère particulière. Festive. Trafics de drogue, rixes entre cités. Des élèves, parfois, disparaissent. Dans le baraquement où j'enseigne, quand il pleut dehors, il pleut dedans. De grands trous noirs constellent le parquet. Les fenêtres à glissière, dont certaines restent effrontément ouvertes, sont hors d'usage. Les radiateurs aussi. L'hiver arrive, on a froid. Il fait moins de dix degrés dans la salle. À six, on décide de tout arrêter. Mes collègues se mobilisent. On déclare la grève. On prépare des affiches pour le défilé. À GLA-GLA-LILÉE ! Grâce aux cars affrétés par le maire et le service d'ordre de la CGT, on débarque les lycéens rue de Varennes, devant le ministère de l'Éducation nationale. On chante. On crie. Et l'on rentre, escortés par des escadrons de CRS. Quelques jours plus tard, on a gagné. Le lycée est reconstruit l'année suivante.

Je suis toujours en sous-service. C'est grave. Le proviseur me demande de lui remettre un projet. Peu importe lequel, il s'agit de m'occuper. Il a néanmoins refusé de m'accorder la venue en classe d'un ancien dissident soviétique. Les années précédentes, je n'avais rencontré aucune difficulté pour organiser des conférences traduites en simultanée par une interprète du Parlement européen. Je me souviens même de l'accueil chaleureux réservé par la proviseure de Villeneuve-la-Garenne à cet homme qui endura plus de quarante-deux ans de camp. Et le baisemain que celui-ci offrit en retour. Ce témoignage inestimable d'un combat pour la liberté mené en plein goulag était une occasion de faire réfléchir mes élèves à la nature des lois et des régimes politiques. Mais à Gennevilliers, le mur de Berlin est encore debout ; on ne reçoit pas un ennemi de classe.

Après une visite des impressionnistes au musée d'Orsay, je décide de tenter une diversion. Un voyage en plein cœur du XVIe arrondissement. Pour beaucoup, ce sera leur toute première fois dans ce quartier de Paris.

Nous nous dirigeons vers le théâtre du Ranelagh. Dans la rue, ils regardent le ballet des gens chics faisant leurs courses. Les belles voitures. Les femmes élégantes, sophistiquées, chargées de paquets. Nous entrons. Sagement assis sur leurs sièges de velours rouge, ils contemplent les boiseries sculptées qui garnissent orchestre et balcons, surmontées d'un plafond de caissons peints. La pièce se fait attendre. Pas de lever de rideau.

Soudain, ça part de tous côtés. On ne sait pas si ce sont des spectateurs ou des acteurs qui parlent, hèlent, disent n'importe quoi. « Statues, bijoux, grillades… et le vent ouvert aux allusions mathématiques… Cigare, bouton, nez… Il aimait une sténographe… » De la poésie ? On s'assoit à côté d'eux. On les prend à partie. Tout vole en éclats. Joyeusement. À la fin, on ne sait trop comment, on se retrouve sur scène. On danse les uns avec les autres.

Au retour, dans l'autocar, ils se demandent s'ils ont vu une pièce ou s'ils ont rêvé. Cette féerie, c'était nous, *Le Cœur à gaz* de Tristan Tzara.

La liberté de penser

Perdue au milieu d'une immense forêt domaniale, une petite ville tranquille des Yvelines, à une heure de Paris. De longs bâtiments édifiés au milieu d'un parc de pins immense. Je rêve de me rendre au lycée en traversant la forêt à cheval. Je le pourrais. J'habite à quelques kilomètres, dans le joli village de Montfort-l'Amaury. J'ai fui l'agitation et le bruit de la petite couronne. Me voici dans la grande, un diadème à l'automne.

Des élèves d'un autre milieu. Je peux tout leur faire lire : du Descartes, du Kant, mais aussi Schopenhauer, Kierkegaard ou Jankélévitch. Je m'enhardis. J'ose un cours durant trois mois sur l'ennui. Je leur explique d'abord l'ennui chez Schopenhauer, qui consiste à regretter de ne rien avoir à vouloir, et qui désigne l'expérience métaphysique de la vacuité (car, selon l'auteur du *Monde comme volonté et comme représentation*, être, c'est vouloir sans fin). Puis, je le compare aux descriptions qu'en donne Heidegger dans une centaine de pages des *Concepts fondamentaux de la métaphysique* : « être ennuyé par quelque chose », qui traîne en longueur, qui ne parvient pas à nous occuper, « s'ennuyer à quelque chose », où n'importe quelle activité nous apparaît comme vaine et le temps gâché, et encore « l'ennui profond », où l'on éprouve une indifférence à l'égard de toute chose, y compris de soi. Une forme ultime d'ennui qui manifesterait, selon le philosophe, moins une haine du temps qu'un appel nostalgique à l'être, un désir d'être comblé par le présent.

Je fais ce cours, qui pourrait les ennuyer, qui frise parfois l'ennui, pour leur parler de la conscience et du temps, mais aussi des heures qui les ennuient à attendre la sonnerie. De la rengaine et du sentiment d'avoir tout ce ciel pour rien. Une fois pensé, l'ennui vécu devient une idée avec laquelle on commence à s'amuser.

On s'engage dans un cours de philosophie comme dans une aventure. C'est sérieux et ce n'est pas sérieux. Ce n'est ni un passe-temps dérisoire ni non plus une tragédie, même quand on se confronte à la nuit noire du destin. Il se passe toujours quelque chose, quelque chose que l'on pense et qui nous prend. Qui fait boule de neige, qui s'enrichit avec le temps.

Les bons jours, je peux mettre les grands textes à la portée de tous, relier les idées des philosophes à l'expérience vécue – la leur, la mienne. C'est cette clarté de la pensée, cette lumière, que j'aime partager avec eux. Je la vois briller dans leurs yeux. Quelle joie quand ils découvrent qu'ils sont capables de comprendre le monde, de changer de point de vue, de comparer eux-mêmes les idées ! Ils s'affranchissent de leurs croyances. Ils s'aperçoivent que l'on peut toujours penser autrement, explorer de nouveaux concepts. Leur pensée se libère, elle n'adhère plus à aucune représentation. Elle prend son élan, court au-delà des idées.

Il y a quelques cours que je réussis. D'autres où je me perds.

Il y a des classes où rien ne marche, où il y a trop de résistance, trop de lourdeur, où je ne fais pas non plus forcément preuve de tact. Pis, où je finis moi-même par m'ennuyer.

Mais s'il arrive qu'un élève décide, après avoir lu un texte de Bergson, d'aller plus avant pour cerner sa pensée, s'il arrive qu'un autre, parti en hypokhâgne, m'écrive pour me dire qu'il a lu toutes les références bibliographiques données pendant l'année, alors c'est gagné !

Danylo Choumouk

En face de la Sorbonne, rue des Écoles, à l'entrée du square Paul-Painlevé. Je me trouvais en compagnie du plus « long » prisonnier politique de l'ex-URSS. Je lui avais proposé une visite de Paris. Danylo Choumouk[1] m'avait simplement demandé de le conduire devant la statue de Montaigne.

C'était un homme au visage un peu émacié, cheveux blancs coiffés en arrière, pommettes saillantes, regard pénétrant et sourire malicieux.

Il avait passé plus de quarante-deux ans en détention. Adolescent, en Pologne : une première condamnation pour avoir parlé sa langue natale, l'ukrainien. Puis, lors de la déroute de l'Armée rouge : le camp nazi de Khorol, le « trou de la mort ». Il s'en évada

1. Né en 1914 à Boremschyna et mort le 21 mai 2004 à Krasnoarmiisk, en Ukraine.

et fut l'un des seuls rescapés. Enfin, durant la plus grande partie de son existence : le goulag. Une condamnation à mort, des séances de torture, deux tentatives d'assassinat à sa sortie en 1987, après qu'il eut fini de purger sa peine.

Il avait mené un combat sans relâche contre le régime soviétique : grève de la faim, grève des travaux forcés, organisation d'une insurrection pour obtenir la reconnaissance du statut de prisonnier politique, demande de déchéance de nationalité, publication à l'Ouest de ses mémoires.

Durant sa captivité, il eut l'occasion, pendant cinq ans, de se procurer quelques ouvrages interdits, envoyés par ses amis. Ses geôliers ignoraient qu'il s'agissait de livres de philosophie. Il lut Hume, Kant, Montesquieu, Nietzsche et Montaigne. Montaigne était le philosophe qu'il chérissait plus qu'aucun autre. Dans les plus belles pages des *Essais*, qu'il connaissait par cœur, il puisa une partie de la force qui lui permit de traverser vivant ce cauchemar. Le jour était venu de saluer, chez lui, en France, son ami.

Il racontait. Son odyssée à pied à travers l'Ukraine, les villages dévastés par la famine de 1932-1933, sa première inculpation pour son engagement dans l'Armée de libération ukrainienne, les interrogatoires sans fin du KGB, lors desquels on l'empêchait de dormir en le battant, l'univers concentrationnaire, glacial, les êtres faméliques, et la mort, qui rôdait sans cesse autour de lui, guettant le moindre faux pas pour le prendre, son angoisse de disparaître sans que personne n'entende jamais parler ni de lui, ni de ses compagnons, ni de son peuple ; la cruauté des gardes, qui ordonnaient un jour de ramasser des algues dans la mer par – 25 °C, un autre de creuser des trous dans la terre gelée pour les boucher le lendemain ; l'écriture de ses mémoires sur des feuilles de papier à cigarette, le risque constant d'être dénoncé par un mouchard, le soulèvement homérique de Norilsk en 1953, lors duquel les prisonniers politiques obtinrent, après avoir pris le contrôle du goulag, la reconnaissance de leur statut.

Mais c'était toujours sur le même épisode que les élèves l'interrogeaient. Pourquoi avait-il obstinément refusé de signer le document que le NKVD lui tendait ? Une simple signature, et il était libre.

Après tout, il ne s'agissait que de mots, cela ne changeait en rien sa détermination. À chaque fois, il répondait en fixant les yeux de l'élève qui lui avait posé cette question. S'il avait signé cette autocritique, il n'aurait pas été plus libre. On ne s'évade pas d'une prison qui n'a pas de murs. Car il ne régnait, en réalité, pas plus de liberté à l'extérieur du goulag qu'à l'intérieur. Et la seule liberté qu'il lui restait – et lui permettait d'être encore un homme – c'était de dire non.

C'est en général à la fin de cet échange qu'il expliquait les différentes conceptions de la loi et de la fonction de l'État. Dans un État où le peuple est souverain, les règles de droit garantissent des libertés, dans la mesure où chacun est empêché de nuire à la liberté d'autrui. Dans un État où le Parti communiste est souverain, les lois de la « lutte des classes », censées régir le devenir de l'humanité indépendamment de la volonté des hommes, dictent l'unique manière d'être et de penser. Dans un tel monde, l'individu n'a pas plus de valeur qu'un boulon.

On ne pouvait donner plus limpide leçon que la sienne.

Le lycée

Trappes s'éveillait. Les enseignants arrivaient un à un, traversaient la cour sans préau et s'assemblaient dans le bourdonnement fébrile d'un jour de prérentrée. Je serrais des mains en hâte et m'efforçais de trouver des phrases pour me présenter. Depuis le début de ma carrière, je n'avais fait que passer de lycée en lycée ; il me plaisait de me sentir encore étranger, et, quand Sylvie me proposa de me faire visiter les lieux, je m'assombris. La crainte d'appartenir bientôt à une équipe pédagogique m'étreignit.

Dans la grande salle de réunion, le proviseur parlait. Il expliqua l'importance du nouveau dispositif d'accueil des élèves, détailla le bilan du baccalauréat, les choix de dotation horaire, le calendrier annuel, les statistiques inquiétantes d'absentéisme, et regretta que le rectorat ne lui ait pas octroyé davantage de moyens. Grâce à quelques tours de passe-passe, il avait réussi à maintenir dans les classes des effectifs très bas, condition essentielle pour élever le niveau de notre population scolaire.

Enfin, les emplois du temps furent distribués.

On mangea.

On se répartit en commissions pour préparer la rentrée.

Vue d'une ville presque provinciale, ce lycée de Trappes, tel un abîme, se présentait. Mes anciens collègues s'étaient indignés qu'on me proposât ce poste. « Surtout, n'accepte pas. » Pourquoi donc aurais-je refusé ?

Je remarquai d'emblée des sonneries particulièrement attrayantes. De petits airs bien enlevés remplaçaient les cloches généralement mornes et tristes que l'on entend partout dans les bahuts. Et, malgré l'architecture un peu brouillonne, le lieu ne me déplut pas.

J'ignorais, ce jour-là, que j'allais rester au lycée de la Plaine-de-Neauphle pendant vingt ans.

C'était des élèves plutôt gentils, sans que l'on pût savoir au fond ce qu'ils pensaient. À dix-sept ans, on n'a pas encore de certitudes bien à soi. Celles que l'on a reçues de son environnement restent friables ; une question inopinée, et elles s'écroulent.

Mes classes étaient composées pour moitié de jeunes Français issus de l'immigration maghrébine, l'autre partie étant de nationalités variées, principalement française et portugaise. Un bon quart venait de communes de classes moyennes, si bien que régnait alors une faible mais relative « mixité sociale ».

Je ne prêtais pas la moindre attention à l'origine de mes élèves. Ils étaient pour moi des élèves avant tout. L'école républicaine, en principe, est un lieu où l'on vient oublier ses origines et découvrir l'universalité de la raison. Les sciences, les arts, les langues, n'ont de sens qu'enseignés en vue d'accéder à notre humanité commune. Qu'un élève s'inquiétât en classe de l'origine de tel ou tel, et je rappelais que, ce qui importe, c'est moins d'où l'on vient que ce que l'on devient.

Après les attentats de 2015, je compris que cette position n'était plus tenable ; je ne pouvais ignorer que certains ne se sentaient pas français ou refusaient de l'être.

La suppression de la carte scolaire en 2007 – carte qui dessinait selon des secteurs géographiques l'affectation des élèves – marqua une étape importante du changement d'ambiance du lycée. Dès lors, nous nous retrouvions avec des élèves habitant presque tous Trappes et très majoritairement issus de l'immigration. Comment s'ouvrir et dépasser ce que l'on est, si l'on ne peut se confronter à l'altérité ? Des comportements souvent stéréotypés et moutonniers se multiplièrent dans les classes, et ce phénomène s'aggrava encore avec le développement du sentiment d'appartenir à une communauté à part.

Ce lycée était plus paisible que ceux que j'avais connus en début de carrière. Sauf une année, où un petit groupe s'autoproclamant « *Black Girls* » harcela et terrorisa deux jeunes filles – l'une pour sa blondeur, l'autre sans doute pour son « métissage » –, les actes de violence étaient rares. La consommation de drogue marginale.

Si l'on ne détournait pas les yeux, les effets de la pauvreté, de l'ignorance, du déclassement social, et souvent de la détresse psychique, étaient cependant perceptibles. De nombreux élèves bénéficiaient de bourses. L'assistance sociale et l'infirmerie ne chômaient pas et, quelquefois, il fallut se risquer à intervenir dans la sphère privée pour prévenir des catastrophes ou suppléer l'absence de soutien parental.

On se sentait ici plus utile qu'autre part ; on mettait dans son métier une ardeur et un zèle particuliers.

De leur côté, les élèves se montraient reconnaissants de la sollicitude de leurs professeurs. Les inévitables frictions entre humains étaient vite amorties par un climat plutôt chaleureux.

Néanmoins, au fil des ans, je constatais une inclination croissante à discuter les conseils ou les règles, et même à les contester, comme si, désormais, les rôles étaient inversés ; c'étaient à eux, élèves, de demander des comptes à leurs enseignants. Tout comme d'autres services publics – l'hôpital, la police, la Justice – l'école connut, au cours des années 2010, une double crise : une crise du sens et, son corollaire, une crise de l'épuisement. La pression à la réussite sociale, accompagnée de la dégradation du niveau d'instruction, transforma fortement l'apprentissage. L'angoisse des notes, mais aussi l'alourdissement croissant des heures de cours, engendra l'explosion des phobies scolaires et, pour les enseignants, un sentiment d'inutilité, que beaucoup tentaient de chasser par le surmenage.

Mes deux premières années furent marquées par une classe étonnamment active emmenée par trois fortes personnalités : Sonya, Clara et Sabrina. J'improvisais, lors de séances d'initiation à la philosophie destinées à ces jeunes de première, des sujets de réflexion : la musique, l'amour, le père Noël, la vengeance, la mort, la naissance, la maternité, le chaos, la patience, pleurer, imaginer, choisir, voyager, les autres, la répétition, le goût, la cuisine, les occupations… Et ainsi de suite, tout au long de l'année, selon leur envie et l'humeur du moment.

Malgré l'heure matinale, cela fusait. En général, je lançais d'abord quelques définitions, une ou deux questions, et la parole rebondissait. On riait beaucoup. On s'enflammait parfois. Et l'on évitait « la bêtise qui consiste à vouloir conclure ».

L'année suivante, je conduisis avec cette même classe des cours magistraux sur les notions philosophiques inscrites au programme officiel. Cela déplut. On regretta la liberté et la gratuité de nos échanges. Néanmoins, on endura ce cours de philosophie autocratique.

Après les vacances de Noël, je proposai aux élèves la lecture d'un livre dont j'étais certain qu'il leur parlât : *La Naissance de la tragédie* de Nietzsche. C'était une classe de théâtre. La tragédie, la tyrannie, les affres des passions, la destruction, ils connaissaient ! Je pensais les faire réfléchir à la fonction de l'art.

Nietzsche, qui était encore jeune lorsqu'il écrivit ce livre, voyait dans l'art, tel son maître Schopenhauer, un affranchissement du vouloir-vivre, un état de suspension des activités ordinaires, tournées vers la satisfaction, permettant d'accéder à la représentation. Ce qu'il y avait de nouveau dans sa pensée, c'était l'idée de justification. L'art ne consistait pas seulement en une contemplation de la vie ; il était aussi une justification de l'existence, une façon de vivre sa vie en la rendant meilleure. Le jeune philosophe introduisait ainsi un changement profond dans la manière de penser la création, qui correspondait à une mutation de l'art à son époque. Pour Baudelaire, et un peu plus tard pour Rodin, la création artistique était devenue un moyen d'intensifier la vie. De même, les impressionnistes ne représentaient plus dans leurs tableaux le réel ou des états d'âme, mais cherchaient à transformer la perception.

Malgré des passages ardus, et la difficulté de cerner les principes « apolliniens » et « dionysiaques » du livre, cette lecture enrichit leur pratique théâtrale. On parla des Grecs et des Modernes, de Dada, de Georges Bataille, d'Yves Klein. On put ainsi accrocher le cours à quelque chose de concret, de vivant, et relier les patrimoines artistique et philosophique. En accédant à ce grand texte, mes élèves découvraient comment devenir soi.

À la fin de l'année, Sonya mit en scène, avec ses camarades, un montage qu'elle avait conçu autour des trois Antigone ; celle d'Eschyle, celle de Sophocle et celle d'Anouilh. Au milieu de la grande salle de réunion du lycée, vêtues de simples tuniques, éclairées par des projecteurs, elles jouèrent avec une passion et une rage que je n'ai jamais vues chez des acteurs. Ce fut l'un de mes plus beaux moments de théâtre.

Quelques années plus tard, un soir d'automne où je faisais en classe la correction d'une dissertation sur la conscience – *Suis-je ce que j'ai conscience d'être ?* –, elles débarquèrent soudain dans la salle. Elles s'étaient masquées et dansaient entre les allées de tables d'une façon un peu animale, avant de se tourner vers chaque élève, l'un après l'autre, en le regardant fixement. Puis, elles disparurent, tout aussi soudainement.

Une autre année, ma collègue d'art plastique vint assister à l'un de mes cours. Nous avions une classe en commun. Les élèves lui avaient dit : « M. Lemaire, il nous casse trop nos préjugés. » Voulait-elle s'en assurer ?

C'était une petite femme discrète, un visage en triangle avec de grands yeux divinateurs, exigeante, généreuse, inquiète, toujours en recherche. (L'institution lui décerna, vers la fin de sa carrière, les palmes académiques ; une cérémonie lors de laquelle je lui fis présent d'un caneton. Lorsqu'elle le sortit, vivant, de sa petite boîte en carton, ils se prirent tous deux d'affection.)

Quelques semaines après ce cours, elle décida de relier nos deux salles, situées dans deux bâtiments distincts séparés par la cour, à près de cent cinquante mètres l'une de l'autre, par un ruban formé de feuilles scotchées les unes aux autres, couvertes de dessins d'élèves, d'esquisses et de couleurs. Ce ruban partait de sa salle, s'étendait tout au long d'un couloir d'une trentaine de mètres, au rez-de-chaussée, traversait le hall, filait sous les portes d'entrée, franchissait la cour à même le bitume, tournait à gauche de l'entrée principale du bâtiment, montait marche par marche l'escalier, et s'arrêtait au fond du premier étage devant ma porte.

Les élèves du lycée, intrigués, prirent soin de ne pas piétiner l'étrange et fragile ruban. Celui-ci resta en place plusieurs jours. Puis, peu à peu, il disparut. Mais son souvenir demeura.

Une autre année encore, avec un collègue d'histoire, j'organisai, de façon libre, après le repas, des séances de réflexion sur le masculin et le féminin. Nous proposions d'aborder ce thème en croisant plusieurs approches : historique, ethnologique, biologique, artistique, politique. Une quinzaine d'élèves participaient chaque semaine.

À cette époque, la philosophie n'était pas qu'une discipline comptant pour le bac. Et nous pouvions parler au lycée d'amour, de sexualité ou d'égalité, sans essuyer de regards désapprobateurs ou hostiles.

Les tueries

7 janvier 2015. Tuerie des journalistes et personnels de *Charlie Hebdo*.

8 janvier. Exécution de Clarissa Jean-Philippe, policière à Montrouge.

9 janvier. Quatre personnes juives tuées en tant que juives dans l'Hyper-Cacher de la porte de Vincennes, à Paris.

À Trappes, des coups de klaxon résonnent dans les rues. Dans la salle des professeurs, c'est la stupeur et l'abattement. La réaction de mes élèves varie selon les classes. Certains condamnent du bout des lèvres. Ou ne condamnent pas ; ils relativisent. Pour ma classe de sciences économiques et sociales, les « attentats terroristes » et le « racisme dont on est victime » se valent.

Ils veulent débattre des « limites de la liberté d'expression » et du « respect des religions ». Je rappelle que des personnes ont été tuées. J'éprouve un malaise à parler des prétendus motifs d'assassinat, j'ai l'impression que c'est une façon d'occulter ces crimes.

Très vite, ils glissent de « l'offense au prophète » à « l'offense faite aux musulmans ». J'essaie d'expliquer les bases de la laïcité, comment le droit protège chacun du risque d'être soumis à une religion qu'il n'a pas choisie, mais mes arguments tombent à l'eau. C'est leur « communauté », leur « identité » qu'ils disent être stigmatisées.

Une de mes élèves s'enflamme et défend le salafisme, qui « n'est pas ce qu'en disent les médias ». Elle tente de me convaincre.

« Qu'on nous laisse vivre en paix avec notre religion ! Qu'on arrête de faire des lois contre nous, des reportages contre nous, des provocations, des dessins insultants… »

C'est la seule qui exprime spontanément ce qu'elle pense. Les autres se montrent beaucoup plus réservés.

Je suspends cette « discussion » et je commence le cours.

Je sens un gouffre qui se creuse entre nous. Je dois rester leur professeur.

Pour la première fois, je perçois entre eux et moi une gêne, une retenue. Expriment-ils vraiment ce qu'ils pensent ? S'ils mettent sur le même plan ces tueries abjectes et ce qu'ils appellent le « respect » de leur religion, renvoyant dos à dos victimes et assassins, tués et tueurs, les victimes appartiennent-elles, pour eux, à l'humanité ?

Et *quid* de cette policière, et de ces personnes juives ? De simples victimes collatérales du « terrorisme » ?

La France est Charlie. Cette formule permet de dire l'indicible, de symboliser ce qui ne peut être exprimé ou dit. Mais elle ne dit rien. Et les mots « attentat » et « terrorisme », utilisés partout, passent sous silence l'essentiel : la déshumanisation dans ces exécutions. Des êtres humains sont tués pour ce qu'ils sont ou ce qu'ils représentent : des journalistes, une représentante de la France, des juifs. Il ne s'agit pas d'un terrorisme aveugle qui tue des gens au hasard pour exercer un chantage dans un but politique. Mais la France, déjà, ne veut pas le voir.

Cette absence de *pour quoi* est angoissante. Le choc est tel qu'il faut trouver une explication à la violence. Les « terroristes » auraient agi pour se venger. Pour les uns, d'une offense imaginaire. Pour les autres, d'un « racisme anti-musulman » bien réel. Un débat entre les deux camps se met en place. C'est le début d'un long déni, dont notre pays n'est toujours pas sorti.

Rentrée 2015. 13 novembre. Tueries dans les rues de Paris aux terrasses du Petit Cambodge et du Carillon, tuerie du Bataclan et attaque au Stade de France.

Dans les classes, les élèves, comme la plupart des Français, ont le sentiment que ces massacres relèvent de la folie psychiatrique. Cette fois, les terroristes sont allés trop loin. Aucune explication pour donner à leurs actes un semblant de sens. La condamnation semble unanime.

Enfin, presque…

Dans mes classes technologiques de gestion et de sciences médicales et sociales, les élèves ne veulent pas parler. Ils ne se sentent pas concernés. « Faites cours, monsieur. On perd notre temps. »

Lorsque je prends la parole pour évoquer ces « attentats », dans la classe de sciences médicales composée presque exclusivement de filles, la meilleure élève ne me regarde pas. Elle ne baisse pas les yeux ; elle regarde ailleurs. Jusqu'à la fin de l'année, elle ne parlera plus, évitera de m'adresser la parole, et ne fera plus rien. Le lien est rompu. C'est terminé.

Refus de communiquer ? Dissimulation ? Il me semble plutôt que je suis rayé de son champ de vision.

Ce jour-là, je prends conscience que nous ne vivons pas dans le même monde, eux et moi, et que j'ignore tout du leur. Je décide alors de sortir de ma salle de classe pour essayer de toucher du doigt ce réel qui m'échappe. Je viens d'apprendre que plus de soixante jeunes sont partis de Trappes pour la Syrie. Depuis le lycée, je ne vois décidément pas grand-chose !

Hors les murs

L'élève sympathique, qui avait fait l'éloge des salafistes, a insisté. Elle m'a même envoyé un mail de rappel. *Allez-y, monsieur ! Vous ne serez pas déçu.*

Je me rends donc à cette conférence sur le « vivre ensemble ». Ma collègue d'histoire m'accompagne. Un important service de sécurité nous fouille à l'entrée. La salle est bondée. Près de quatre cents habitants de Trappes sont venus écouter l'islamologue Rachid Benzine.

Avec bonhomie et sourire, celui-ci fait voyager son auditoire dans le temps. Il parle du Coran, décrit les pratiques sociales des ethnies du VIIe siècle, éclaire la signification des mots par le contexte, et explique les allégories et les figures de style propres à la langue arabe de cette époque. Il cherche à démontrer pourquoi la lecture littérale prônée par certains ne permet pas d'accéder au véritable sens du texte. Il invite les musulmans à changer de point de vue, à s'engager dans cette révolution vers un « islam des Lumières », ces musulmans qui, selon lui, par ignorance ou parce qu'ils sont dans des « postures identitaires », n'ont pas l'audace d'être maîtres de leur lecture. Il tente aussi d'expliquer les départs en Syrie et l'appétence des jeunes pour le jihad comme une « réponse à une quête de sens ».

Je ne connaissais rien à « l'islamologie ». Je ne suis pas déçu. Mais je me demande ce que peut cette manière d'interpréter le Coran face à la montée d'une violence qui me semble plus politique que religieuse.

À la fin de la soirée, je prends contact avec l'association qui a organisé la conférence : Paroles à cœur ouvert (PACO).

PACO se propose, au niveau local, de favoriser le dialogue interreligieux, de promouvoir la laïcité et le « vivre ensemble », et de mener des actions afin de prévenir « l'emprise sectaire » et la « radicalisation » chez les jeunes. Sa présidente, une mère parent d'élèves au lycée, vit ici avec sa famille depuis les années 70. Je découvre qu'un collègue d'histoire, en poste depuis plus de trente ans, fait partie de ce groupe, ainsi que l'ancienne professeure de philosophie du lycée. Avec eux, j'en apprendrai peut-être davantage sur cette réalité qui m'échappe.

Quelques semaines plus tard, j'invite l'islamologue au lycée pour deux séances. La première, avec des classes de série générale, se passe bien. Les élèves se montrent toutefois un peu déçus ; ils attendaient la présence de Jamel Debbouze à ses côtés. Mais enfin, ils écoutent avec admiration cet ancien élève du lycée de la Plaine-de-Neauphle, trappiste lui aussi, devenu un célèbre conférencier. Ils ne sont pas dupes et savent que ce dialogue est une façon de les prévenir de toute « radicalisation ». Cependant, ils acceptent cet exercice de réflexion et de distanciation qui les valorise en donnant du sens au Coran.

La seconde conférence est nettement moins bien reçue. Les élèves écoutent mais marquent, de temps à autre, leur mécontentement par d'ostensibles soupirs d'agacement. Le moment des questions arrive. Il est émaillé de remarques acrimonieuses. La lecture historique, profane, la désacralisation du Coran, ne passent pas. Ils n'en veulent pas. Abandonneraient-ils leur croyance pour un récit qui ressemble plus à un conte de fées qu'à ce qu'ils ont appris ? Je ne m'attendais à des applaudissements dans aucune de ces trois classes. Et je me dis que ces élèves auront pu entendre une fois dans leur vie une autre façon de comprendre les textes religieux. Au moins aurons-nous pu parler, au seuil d'un silence qui nous sépare de plus en plus, de ce qui est tabou.

Je rejoins Paroles à cœur ouvert et ses quelques dizaines de membres : athées, musulmans, protestants, catholiques et même agnostiques. Politiquement, c'est aussi varié. L'association compte intervenir en priorité dans les établissements scolaires de Trappes et des environs.

Autour d'une table, un membre de notre association propose à six ou à sept jeunes de réfléchir au phénomène de l'emprise. L'emprise, sous toutes ses formes : cigarettes, drogues, jeu, télé, réseaux sociaux, amour… et même religion. Chez les garçons, c'est l'addiction aux jeux vidéo qui domine. Chez les filles, c'est plus varié : les séries, les réseaux sociaux.

Lors de chacune de nos interventions, sur un groupe de soixante-dix élèves, au moins trois ou quatre déclarent spontanément que, dans leur famille, un frère, une sœur, un cousin ou une cousine, sont partis ou ont essayé de partir. Des aveux qui témoignent d'un besoin de parler et d'être entendu par des adultes. Je m'aperçois que presque tous connaissent quelqu'un dans leur entourage qui a rejoint l'Irak ou la Syrie.

Je me souviens de ce garçon qui ne peut pas parler quand vient son tour et qui pleure. Après avoir séché ses larmes dans le couloir, il nous détaille l'emprise de la religion sur son cousin et, quand celui-ci est parti faire le jihad, le désastre familial qui s'est ensuivi.

Un après-midi, nous accompagnons des classes d'un lycée voisin pour voir le film de Marie-Castille Mention-Schaar, *Le ciel attendra*. Un des premiers films à traiter du recrutement et de l'enrôlement de l'État islamique à travers la figure de deux adolescentes. J'ignore à l'époque que le scénario repose sur l'histoire d'une des membres de notre association. Sa fille, qui fréquentait un lycée à cinq kilomètres du mien, a été convertie et recrutée par Daesh *via* les réseaux sociaux. Le film commence. Autour de moi, je n'entends que murmures. « Tu connais untel ? Il est parti là-bas. » « J'ai un pote à Raqqa. C'est exactement comme ça qu'ils font. » « Ouais, là-bas, ils fument du mécréant. » Et ainsi de suite pendant toute la projection.

À la sortie, je demande à Sarah, une de mes élèves qui accompagne avec nous ces classes, si elle connaît des gens qui sont partis.

« Mais, monsieur, bien sûr ! J'en connais des dizaines dans mon square. Certains sont morts.

— Des dizaines ? »

Devant mon incrédulité, elle sort son téléphone.

« Tenez ! Vous voulez que j'en appelle un ? »

Elle compose le numéro d'un ami à Raqqa. La conversation est des plus banales.

« Vous savez, c'était mon copain. Il voulait m'emmener avec lui. Mais je n'ai pas voulu. On s'appelle quand même tous les jours. »

Dans l'autocar qui nous conduit à France Télévisions, j'essaie de faire connaissance avec les collégiens d'une classe de 4e. Dounia vient d'arriver d'Algérie. Elle me dit qu'elle est heureuse d'être en France, dans « un pays libre et laïque ». Elle s'exprime avec aisance. Son intelligence et sa maturité me surprennent. À la fin de notre échange, elle me demande si je pense que les cultures peuvent opposer les hommes. Je lui dis que nous en discuterons de manière approfondie si elle est un jour mon élève.

Le petit Yacine, lui, se montre moins loquace lorsque je viens m'asseoir à ses côtés. Son professeur de mathématiques me confie un peu plus tard qu'il vit une situation dramatique. Son frère aîné est parti en Syrie, et sa famille est déchirée entre ceux qui approuvent son départ et ceux qui le condamnent.

C'est encore à côté de lui que je m'installe lorsque le film commence : *Ne m'abandonne pas*, de Xavier Duringer. L'histoire de parents qui apprennent un soir que leur fille, qui vient d'être admise à Sciences-Po, s'est mariée et s'apprête à quitter la France pour la Syrie. Dans la salle, j'entends les mêmes murmures que pour *Le ciel attendra*. Lui reste silencieux. Il échange des regards furtifs et des hochements approbateurs avec ses camarades.

À qui donc s'adresse ce film ? Est-ce à ces jeunes de le voir, ou à leurs parents ? Les personnalités qui se succèdent sur scène, après la projection, leur disent toutes que ce n'est pas bien de faire le jihad. Mais ces enfants, qu'on a laissés aux mains des prédicateurs et des recruteurs, les écouteront-ils ?

Que va devenir la petite Dounia ? Devra-t-elle bientôt porter le voile comme les autres filles parce que c'est « une marque de pudeur » ? Quel chemin prendra Yacine ? Pensera-t-il un jour, comme son frère, que « les Français sont des ennemis à abattre » ?

Où est la République à Trappes ? N'a-t-elle pas abandonné ses enfants ?

Alarmes

Notre lycée se trouve désormais au milieu d'un des foyers jihadistes les plus actifs d'Europe.

À peine quelques jours après la tuerie du Bataclan, dans sa revue *Dar al Islam*, diffusée sur les réseaux sociaux, Daesh ordonne aux parents musulmans de retirer leurs enfants des écoles et de tuer les professeurs : « Il est donc une obligation de combattre et de tuer, de toutes les manières légiférées, ces ennemis d'Allah. Cela vaut pour les professeurs qui enseignent la laïcité aux enfants. »

Après les juifs, les militaires, les policiers, les chrétiens et les athées, il paraît assez logique que l'école française soit visée. J'évoque ce risque devant mes collègues. Certains voudraient que je me taise. Ils refusent d'avoir peur. Je préfère envisager le pire pour être prêt à l'affronter. Mon côté philosophe, sans doute.

Avant l'instauration, la rentrée suivante, d'un plan national de « sûreté en cas d'intrusion ou d'attentat » dans les établissements scolaires, notre nouvelle proviseure met en place quelques mesures. C'est dérisoire, mais que faire d'autre ?

Et comment protéger nos élèves des sirènes perfides qui les entourent ? Des sirènes qui résonnent à quelques pas du lycée, derrière la mosquée, dans une sandwicherie, au Chicken Planet. Ou celles, plus discrètes, des salles de prière du quartier des Merisiers, que les policiers du renseignement territorial surnomment le « nid ».

Dans ces lieux, le destin de nombreux jeunes bascule. Celui d'un groupe de copains, partis rejoindre les frères de l'un des leurs dans les zones de combat. Trois habitués du Chicken Planet : Fayçal, un bachelier, endoctriné pendant six mois ; Bilal, premier détenu à commettre un attentat en prison ; Mansour, un enfant du square Léo-Lagrange, quartier des Merisiers. Celui d'Ibrahim, le frère aîné de Mansour, qui disparaît en 2014, recherché par Interpol et interpellé un an plus tard au Sénégal. Celui d'Alexandre, manipulé, selon son avocat, par des prédicateurs salafistes, avant qu'il n'égorge un militaire en 2013 à La Défense. Celui de Moussa, qui attaque au couteau des militaires en faction devant le consistoire israélite de Nice. Ou encore ceux de jeunes trappistes, dont on ne connaît pas le nombre exact, entrés en contact avec la « cellule-souche » des attentats de Paris et de Bruxelles, pilotée depuis l'étranger par Abdelhamid Abaaoud.

Tous ont répondu à l'appel lancé par l'État islamique à tuer partout et par n'importe quel moyen l'infidèle occidental : « Frappez sa tête avec une pierre, égorgez-le avec un couteau, écrasez-le avec sa voiture, jetez-le d'un lieu en hauteur, étranglez-le ou empoisonnez-le. »

Ma cheffe d'établissement ne ménage pas ses efforts pour prévenir nos élèves. Elle réussit l'exploit de programmer pour la première fois en France la pièce du belge Ismaël Saïdi, *Djihad*, l'expédition tragicomique de trois jeunes paumés bruxellois vers Homs. Sortie obligatoire pour toutes les classes, invitation des parents, débat après le spectacle, buffet.

S'ils sont nombreux à traîner des pieds sur le chemin qui les conduit au théâtre de La Merise, en plein cœur de Trappes, la pièce, truffée de gags, leur plaît. Ils rient, s'amusent même de la bigoterie, de la victimisation et du racisme anti-blanc des trois acolytes. Ils pleurent aussi, en suivant cette équipée grotesque au milieu des morts. Et à la fin, ils entrevoient un peu de lumière.

Certes, la pièce ne dit pas tout. Elle laisse chacun libre de son interprétation. Lors du débat, certains élèves évitent de s'interroger sur ce qui a conduit ces trois adolescents vers le meurtre. Il y a d'un côté le « bon islam », qui va, selon les uns et les autres, de sa version « progressiste » au « salafisme quiétiste », religion de paix et d'amour, et de l'autre, le « mauvais islam », qui n'a pas compris que le jihad est une lutte intérieure contre les mauvais penchants que chacun porte en soi. Ils se cramponnent à des explications simplistes qui confortent leur sentiment d'appartenir à une communauté distincte de la nation.

Sur le plateau, ni les invités politiques, ni l'islamologue, ni l'auteur de la pièce ne se risquent à évoquer la porosité entre le jihadisme et une certaine pratique religieuse obsessionnelle marquée par le rejet de notre culture. Comme si le jihadisme apparaissait par génération spontanée.

Dans la salle, une élève demande au metteur en scène : « Vous êtes venus présenter la pièce à Trappes parce qu'on nous compare à Molenbeek ? » Protestations unanimes des intervenants qui trouvent la comparaison entre les deux villes « choquante ». « On n'est pas dans la stigmatisation. » Chacun peut rentrer chez soi rassuré.

Que penser alors des soixante-quatorze départs (ou quatre-vingts dénombrés par Gilles Kepel), sans compter ceux qui sont cachés par les familles pour éviter d'être surveillées par la police ?

On imagine la réaction des habitants de la banlieue bruxelloise, si la presse belge avait titré « Molenbeek, un Trappes à la belge ». N'auraient-ils pas eux aussi été « choqués » ?

En ce mois d'avril 2016, le maire PS de cette ville de 32 000 habitants, Guy Malandin, interrogé par la presse, déplore vingt-sept départs « depuis quatre-cinq ans ». Pas de quoi faire de Trappes un « Molenbeek à la française ». Et de lancer : « Pas de caricature ! Il s'agit d'un phénomène insupportable, mais minoritaire. » Une formule qui fera encore recette bien des années plus tard. Pas seulement à Trappes.

Le théâtre

« Prévenir plutôt que guérir. » On connaît le proverbe. Mais qu'est-ce que prévenir ? Est-ce avertir d'un danger pour provoquer une réaction salutaire ? Tenter de l'éviter en prenant les devants ? Ou seulement limiter les conséquences d'un mal inévitable ?

Je ne me suis pas posé ces questions, au début. Je ne pouvais rester spectateur. Dans l'urgence, je me suis lancé dans la « prévention » tous azimuts, et d'abord par le théâtre.

Pourquoi le théâtre ? Parce qu'à la différence du cinéma, qui avait suscité chez les élèves une impression très forte de réalité, le théâtre toucherait d'une façon plus profonde. Au cinéma, on est pris par l'image. Les acteurs et le monde ne font qu'un. Au théâtre, le monde semble n'être plus que le décor d'un drame qui pourrait se jouer aussi bien ailleurs. L'essentiel, c'est le personnage. En le regardant s'animer sur scène, on se met à sa place, et on devient peu à peu lui-même. Toute attention est concentrée sur lui. Comparé à un cours ou à une conférence, où il est question de faits, d'idées, de raisonnements, le théâtre force la réflexion en amenant le spectateur à se dédoubler, à être à la fois lui-même et un autre.

Ce mouvement d'aller-retour, de soi au personnage et du personnage à soi, favorise la mise à distance de soi-même. Il permet de prendre conscience de ce que nous sommes, nous, les êtres humains. Dans la limite, du moins, où le spectateur ose prendre ce risque.

Du théâtre, à la Plaine-de-Neauphle, il y en eut. Après *Djihad*, ce fut *L'Arracheur de mauvaises herbes*, d'Étienne Guichard. L'ancien maire de Trappes annula la programmation de la pièce prévue à l'automne 2016 au théâtre de La Merise. On joua donc dans la salle polyvalente du lycée.

L'auteur garde de cette représentation un souvenir amer : « J'eus l'impression de ne pas avoir de légitimité pour parler, étant, comme le personnage de ma pièce, perçu comme un Gaulois. » Les garçons restèrent silencieux. Quelques lycéennes se reconnurent dans le personnage d'une adolescente partie faire le jihad.

La rencontre de cette jeune paumée avec un vieux paysan, qui continue, longtemps après sa mort, d'arracher les mauvaises herbes, et celle de trois zadistes tout aussi fanatiques n'est pas facile. Elle finit pourtant par advenir. Mais de l'autre côté de la scène, que peut un jardinier des âmes pour ne pas laisser chacun s'enfermer dans ses convictions ?

En 2018 et 2019, je reçus dans mes classes, quatre ou cinq fois, une petite troupe[1]. Il y avait deux acteurs : une femme et un homme. L'actrice jouait d'abord le rôle d'une jeune fille de famille catholique interrogée par un officier de police. Elle racontait comment elle avait été recrutée sur les réseaux sociaux par l'État islamique. Puis, les rôles s'inversaient : l'acteur jouait un jeune de banlieue, victime d'une addiction aux jeux vidéo, expliquant à une policière sa conversion au jihadisme.

Deux récits calqués sur des témoignages réels puisés dans des archives judiciaires.

Dans un deuxième temps, la pièce était rejouée. Mais cette fois, les spectateurs devenaient des acteurs ; ils pouvaient, à tout moment, intervenir pour poser des questions, jouer le rôle d'un parent, d'un ami, d'un juge, ou de tout autre personnage de leur

1. L'Atelier d'expression citoyenne, avec Hasna Hussein, sociologue, Philippe Boulay, metteur en scène, Albertine M. Itela, comédienne, et Giovanni Vladimir Ortega, comédien.

choix. Commençait alors un jeu d'improvisation entre le comédien et le « spect-acteur ».

Le plus souvent, les élèves mettaient en question les excuses que donnaient les personnages. Ou alors ils cherchaient à donner une autre issue à la situation. Ils se prêtaient tant et si bien au jeu qu'il leur était parfois difficile de distinguer le réel de la fiction. Il arriva même qu'une classe crût que les personnages n'étaient pas des acteurs.

Heureusement, une sorte de coryphée, tel un témoin qui assiste à la catastrophe, interrompait de temps à autre le jeu. C'était une sociologue qui, commentant les paroles des uns et des autres, ou décortiquant les mécanismes d'emprise mentale à l'œuvre dans les discours, donnait la réplique.

Cette forme théâtrale bousculait mes élèves. Leur réticence initiale et leur gêne à aborder un sujet tabou s'évanouissaient. Ils se lançaient, réfléchissaient à ce qui avait pu conduire ces deux jeunes à basculer. Tout y passait : la crise identitaire, les théories du complot, l'autorité religieuse, la perte du libre arbitre, la manière dont on croit donner un sens à sa vie.

Décembre 2019, théâtre Montansier, Versailles. *J'ai rencontré Dieu sur Facebook*, d'Ahmed Madani. Un drame du quotidien, d'un auteur qui n'est pas un spécialiste de ce que l'on appelle, en jargon administratif, un « outil de sensibilisation en direction d'un public jeune identifié comme sensible à la thématique de la radicalisation violente ». Du théâtre, du vrai, où l'épaisseur des personnages et la trame dramatique ne font qu'un.

On assiste à l'égarement d'une adolescente, douée mais aussi vulnérable, après la mort de sa meilleure amie. Elle croit avoir rencontré l'amour sur Facebook, alors qu'elle est victime d'une mascarade. On suit le délitement de sa relation avec sa mère, professeure de lettres féministe, ébranlée elle aussi au retour du bled où elle a enterré sa propre mère.

La pièce met en parallèle le désir de rencontrer le grand amour et l'offre religieuse, alléchante, de l'amour de Dieu. Contrairement à *Djihad*, on ne rit pas des personnages. Ce sont les leurres idéologiques qui sont ridicules.

Mes deux classes s'attendaient à voir une pièce sur la « radicalisation ». Elles découvraient la fragilité humaine, le deuil et la difficulté de ne pas s'égarer dans l'amour, surtout parce qu'on a tous un immense besoin d'être aimé. Après le spectacle, le dialogue entamé avec l'auteur dura. On parla d'amour : entre mère et fille, entre fille et garçon, entre fidèle et Dieu. Un lien se créa. C'est à regret que nous quittâmes le théâtre.

16 octobre 2020, théâtre Montansier, Versailles. *Désaxé*, d'Hakim Djaziri. J'avais assisté à une lecture de la pièce au théâtre du Rond-Point, deux ans plus tôt, invité par une militante laïque et féministe, chargée de mission au Comité interministériel de la prévention de la délinquance et de la radicalisation (CIPDR).

Je voulais programmer la pièce au théâtre de Trappes en renouvelant l'organisation mise en place pour la pièce *Djihad* : après-midi banalisée, invitation de tous les lycéens et de leurs parents, débat avec l'auteur de la pièce, des représentants de la ville et de la préfecture, des sociologues, buffet. La préfecture soutenait le projet, elle finançait la programmation. Mais certains coins de France ressemblent un peu à l'Union soviétique. On m'informa que la pièce ne pouvait être programmée sans l'accord préalable du maire. Et le couperet, une nouvelle fois, tomba.

Pour contourner cette censure, je contactai Othman Nasrou, dont je connaissais l'engagement républicain. Celui-ci me proposa de faire jouer la pièce dans un autre théâtre. Le conseil régional d'Île-de-France prendrait en charge le coût de transport des lycéens.

Malheureusement, je ne trouvais aucun lieu dans les environs pour nous accueillir. L'année scolaire se terminait. Il fallait remettre ce projet à plus tard. Quelle ne fut pas ma joie, lorsque, à la rentrée 2020, la directrice du théâtre Montansier m'invita avec plusieurs de mes classes à assister à une représentation de *Désaxé*.

Le théâtre, parfois, peut sauver. Ce fut le cas de l'auteur de cette pièce singulière, plus ou moins autobiographique : l'histoire d'un jeune immigré algérien qui, de déception sociale en déception amoureuse, trouve refuge dans une idéologie mortifère, rompt peu à peu ses liens avec ses amis, puis avec sa famille, enferme sa femme à la maison et commence à nourrir des projets violents. Hakim Djaziri nous confia, après le spectacle, qu'il fut ce personnage. Il nous raconta comment il parvint à reprendre possession de lui-même. Tandis qu'il prêchait à la mosquée la haine des mécréants et incitait les fidèles à faire le jihad, il prenait des cours de théâtre, espérant que personne ne découvrirait sa double vie. Ce lien qu'il conserva avec le théâtre le sauva.

Au retour, dans l'autocar qui nous ramenait à Trappes, des filles me dirent qu'elles auraient préféré voir une « pièce normale », une pièce qui aurait traité d'un autre sujet. Je leur promis une comédie au printemps. Des réticences plus profondes s'exprimèrent aussi, à demi-mot.

Pour certains, il était peut-être déjà trop tard.

Que peut le théâtre face à la prégnance des représentations trompeuses de soi et des autres, des stéréotypes et des idées qui nous masquent la réalité ?

À la fois très peu, et beaucoup.

Très peu, car cette expérience s'évanouit rapidement. Elle laisse peu de traces si elle n'est pas constamment renouvelée. Beaucoup, car le théâtre, en nous révélant ce qu'est l'être humain, est un « lieu » éminemment politique. Il nous place devant notre propre vie, nos choix et la responsabilité de nos paroles et de nos actes vis-à-vis des autres. Il séduit en divertissant. Mais le miroir qu'il tend, et dans lequel nous pouvons voir l'image de ce que nous sommes, nous fascine.

La fugacité d'une pièce ne peut pas tout. Pouvons-nous encore tous regarder ce miroir et voir ce qui se joue entre nous, les hommes ?

La sociologie

Rentrées scolaires de 2018, 2019, 2020. En partenariat avec la préfecture des Yvelines, la sociologue qui jouait le coryphée intervient dans mes classes. Elle est spécialiste des mécanismes d'embrigadement en ligne et des techniques de manipulation. Ses ateliers interrogent les usages numériques et appréhendent la nature des risques afférents : la désinformation, les rumeurs, l'addiction, la manipulation, les théories du complot, le conspirationnisme.

Même si la sociologue distille, tout au long de ces séances, des informations et des connaissances, il ne s'agit pas de conférences, ni de cours. Les élèves analysent des cas pratiques et sont amenés à réfléchir à des usages qui peuvent conduire à l'isolement, à la délinquance ou à l'endoctrinement. Le but est de développer leur esprit critique.

Les ateliers commencent généralement par une question concrète. Par exemple : comment s'informe-t-on sur les réseaux sociaux ? Comment une fausse information peut-elle se répandre ? Ou bien, vidéo à l'appui, quels sont les ingrédients pour produire un message complotiste convaincant ? La sociologue avance à petits pas.

Les élèves participent volontiers. Ils sont assez surpris qu'on leur propose de réfléchir à des pratiques qui leur paraissent banales et dont peu voient les risques.

Pourtant, les croyances aveugles et les idéologies totalitaires se transmettent selon un mécanisme de contagion redoutable : on inculque d'abord la peur d'un autre, par exemple, la peur du diable ou, pour lui donner un aspect plus concret, la peur de ceux qui nous détournent du « droit chemin ». La peur d'un ennemi imaginaire. Aussitôt, on propose deux solutions pour se protéger de la menace. Une solution communautaire : ceux qui savent forment une communauté d'élus qui lutte contre le danger. Une solution par une promesse de rédemption ou de salut : ceux qui appartiennent à la communauté – qui connaissent les lois de la lutte des classes, le parti, les lois de la lutte des races, la race pure, la fin du monde et son *oumma*, le « bon musulman », le « vrai islam », etc. – agiront pour que le Bien triomphe.

Ces théories si contraires à la raison, qui réduisent la complexité du monde, séduisent. Pourtant, à l'âge où les désillusions de l'enfance peuvent s'avérer cruelles, il est tentant de s'agréger à une communauté qui promet de telles satisfactions. S'engager, croire que l'on exerce un contrôle total sur sa propre vie, peut être grisant. Ces idéologies répondent au besoin de se sentir fort. Elles transforment le croyant en un combattant du Mal, un combattant doté d'une « mission » qui le dépasse et donne sens à sa vie. Elles ne détruisent pas seulement la raison ; elles ôtent jusqu'au sentiment d'être soi-même, un individu singulier, un être doué de pensée.

Il est étonnant que l'école, dont la vocation première est d'instruire, se trouve aujourd'hui impuissante face à un phénomène social aussi massif. À quoi bon enseigner les sciences si on laisse les lycéens sans défense face à la diffusion d'idéologies aussi destructrices ?

Le constat est pourtant alarmant : un Français sur cinq croit aux théories du complot. Les jeunes formant la catégorie la plus touchée. Un Français sur cinq pense qu'il y a un « complot juif mondial », un sur dix que l'attentat de Strasbourg du 11 décembre 2018, qui fit cinq morts et onze blessés, était une

« manipulation du gouvernement ». Or, ces croyances s'accompagnent presque toujours d'une défiance à l'égard de la démocratie, de l'École, de la Justice et de la presse. Elles sont partagées par les gens qui ont souvent le sentiment d'avoir raté leur vie. Les déclassés y sont plus réceptifs que les autres.

Est-ce la relative pauvreté de Trappes qui explique que nos élèves soient si perméables à ces discours prophétiques ou complotistes ? La culture des clichés antisémites ? Le fait de se percevoir victime d'un racisme ?

La philosophie

Que peut la philosophie et son enseignement en classe pour « prévenir » le risque de basculement ?

À la différence du théâtre, le cours de philosophie se déroule sur une durée relativement longue. Du début d'une année scolaire à sa fin, soit environ neuf mois, l'élève apprend à douter, et à maîtriser quelques connaissances philosophiques pour appuyer sa réflexion. Cet enseignement suppose de prendre de la distance avec les faits, l'expérience et l'actualité, pour s'élever jusqu'à des concepts.

Lorsque j'aborde des notions comme la culture, la religion, la raison, l'existence ou la politique, les conceptions philosophiques heurtent souvent les opinions des élèves. Pour comprendre, par exemple, que la famille est une institution et non une réalité qui découlerait d'un ordre naturel, il faut parfois surmonter de fortes résistances.

Mais plus que la lumière des concepts, c'est l'expérience de la liberté de penser et le cadre amical que cette expérience suppose, qui joue, me semble-t-il, un rôle dans la « prévention ». Une fois qu'un élève a pris plaisir à penser, et qu'il a découvert le pouvoir de son propre esprit, il commence à être « prévenu » contre la mainmise sur sa pensée.

La modalité de notre relation est déterminante : si j'ai autorité pour apprendre à mes élèves à penser, jamais je ne me permets de leur dicter ce qu'ils doivent penser. Je leur explique une idée, je leur donne des arguments, je leur propose des critiques, et je les laisse absolument libres de leur jugement.

Par exemple, lorsque j'explique un texte d'un philosophe, peu importe que je sois ou non d'accord avec sa thèse. Une fois le texte analysé, il est égal d'en faire ou non une critique. Je leur demande : « On arrête là ou voulez-vous qu'on lise un texte qui défende l'idée contraire ? »

Si je ne leur cache pas les auteurs pour lesquels j'ai une admiration particulière, et ceux sur lesquels j'ai un avis plus réservé, cela ne m'empêche pas de leur montrer la richesse de toute philosophie, y compris celles dont la critique peut être parfois sévère. La philosophie ne leur apparaît pas comme un ensemble de doctrines qui s'opposent, mais comme un dialogue qui se poursuit à travers les siècles.

On fait de la philosophie en classe comme un jeu. Il ne s'agit pas d'être d'accord, d'adhérer à un système de pensée, mais de se servir des idées pour penser par soi-même. Ce jeu a, par nature, un pouvoir corrosif sur les croyances et sur toute autorité intellectuelle. La pratique de la philosophie prévient ainsi de tout enrôlement idéologique.

Encore faut-il que l'élève accepte de « jouer le jeu ». Or, à partir de 2015, j'ai commencé à observer que certains refusaient d'entrer dans le jeu, sans doute en raison de l'interdit prescrit par les fondamentalistes.

Que pouvais-je dès lors ?

On ne peut forcer personne à philosopher. Cela n'aurait d'ailleurs aucun sens.

Doutes

Une journaliste du *Monde* vint me voir pour m'interroger. Puis de nouveau, de temps à autre, pendant un an, avec sa consœur, jusqu'à la fin de l'année scolaire. Je ne savais pas toujours répondre à leurs questions. Comment savoir ce que pensent réellement les élèves ? Le lycée est comme une île au milieu de leur ville.

Les mois passaient. Je découvrais peu à peu Trappes et son histoire. Lors des réunions avec les membres de l'association Paroles à cœur ouvert, je remarquais, malgré un climat en apparence chaleureux, se dessiner des frontières invisibles. Des querelles parfois très violentes entre certains membres, pour des raisons qui m'échappaient. Des femmes s'invectivaient en arabe. Un militant politique lançait des accusations sans fondement. Il fallut l'exclure. L'une de nos adhérentes, qui portait un voile coloré, opposait lors des discussions un « nous » pour désigner les musulmans, et un « vous » pour désigner tous les autres.

Un jour, la présidente invita à l'une de nos réunions le libraire Tabligh de Trappes. Personne ne semblait avoir été prévenu. Or le personnage, dont les vêtements ne pouvaient passer pour ceux d'un mécréant, se montra affable. Cette invitation devait lui ouvrir nos portes. Quelques-uns n'avaient que mollement protesté contre sa venue. Ce soir-là, je ne savais pas encore que ces prédicateurs, prétendument « apolitiques et non violents », préparent le terrain aux salafistes, qui eux-mêmes le préparent aux jihadistes. Le mouvement fondamentaliste Tabligh nourrit le rêve d'un islam hégémonique. Il développe une telle violence verbale contre la société française qu'il pousse ses adeptes à rompre avec les valeurs et les mœurs de la France.

C'était donc ainsi qu'on allait empêcher les enfants de Trappes de s'enrôler ? Avec un prédicateur qui condamne en paroles le « terrorisme » alors qu'il fournit un argumentaire et des armes idéologiques à ceux qui nourrissent la haine de notre pays ?

Passés quelques mois dans cette association, je pris conscience des limites de nos interventions en milieu scolaire. Tous nos efforts n'aboutissaient, dans le meilleur des cas, qu'à soulager des élèves par la parole. Ils ne pouvaient les empêcher de se faire happer par des recruteurs. Lutter contre des effets et non contre les causes me semblait vain. Pourquoi borner notre action à Trappes, alors que cette ville, avec ses particularités, n'était qu'une des pépinières islamistes mises en place partout sur notre territoire ?

Je proposai donc une nouvelle charte, afin de redéfinir nos objectifs et notre stratégie. Tout en conservant notre ancrage et nos actions locales, notre but serait désormais d'agir sur un plan national pour protéger les jeunes de cette emprise, en appelant les pouvoirs publics à exercer un contrôle sur les recruteurs. J'assortis ce texte d'un nouveau règlement intérieur, afin de clarifier les conditions d'adhésion à notre association.

La charte fut mise au vote. Elle fut rejetée par la majorité à deux voix près. Aussitôt, je démissionnai.

En ce début d'année 2018, les journalistes du *Monde*, qui s'apprêtaient à publier un livre[1], me proposèrent d'écrire quelques lignes de présentation dans le dossier spécial du *Nouvel Obs*, « Enquête à Trappes, le grand livre politique de 2018 ». Je terminai ainsi mon article :

1. *La Communauté*, Raphaëlle Bacqué et Ariane Chemin, Albin Michel, 2018, Le Livre de poche, 2019.

« C'est un livre jeté à la face de notre déni. Déni des familles qui ne veulent pas voir que leurs enfants sont des proies faciles pour les islamistes qui quadrillent la ville. Déni des institutions culturelles ou sociales et de leurs représentants, qui œuvrent quasiment comme si de rien n'était. Déni des politiques qui se sont nourris des voix de la communauté et qui, en dépit des avertissements lancés depuis plus de dix ans (comme celui du très documenté rapport Obin), n'ont jamais voulu prendre de mesures politiques pour lutter contre les causes d'un tel délitement du lien social et humain. Après avoir lu ce livre, on se demande si ce gouvernement continuera ou non dans le déni. On se dit qu'il y a un moment où, de toute façon, il faudra bien sortir de la schizophrénie dans laquelle nous vivons ! On pense aux morts. À la bêtise humaine. Et l'on aimerait que ce livre, au demeurant si joliment écrit, soit lu et entendu. »

Ce fut ma première intervention de « lanceur d'alerte ». Trois ans plus tard, je ne pouvais que constater que le déni se poursuivait sous des formes de plus en plus maladives et indignes d'une nation telle que la nôtre.

Reportage à Trappes

Novembre 2005, en pleine période d'émeutes. Cheveux courts, jean, baskets et sweat gris, le jeune Abdel s'approche des autocars carbonisés sur le parking. Une journaliste de la télévision nationale néerlandaise, Saskia Dekkers, l'interroge. « Vingt-deux bus, vingt-deux bus… et tout ce qui se passe autour, c'est-à-dire les voitures et autre… tu ne fais pas ça à deux jeunes. Vingt-deux bus… ça ne se corrige pas. Si on ne règle pas ça, si le gouvernement ne fait rien et ne se préoccupe pas de l'intérêt des jeunes… Qu'est-ce que tu veux qu'ils fassent ? »

Treize ans ont passé. La journaliste sonne à la porte. Abdel ouvre. Grand sourire. *Salam aleykoum.* Il a aujourd'hui le crâne rasé, une barbe drue, et porte un qami.

« Saskia, comment vas-tu ?

— Ça va…

— Bienvenue. Tu peux entrer, viens. »

Saskia s'installe sur le grand canapé beige du salon, à côté d'Abdel.

« La religion est un mode de vie, Saskia. Vraiment, c'est-à-dire qu'il n'y a pas un moment, dans la journée, du réveil jusqu'au coucher, où je ne pratique pas, où je n'adore pas Dieu. »

Sur la table basse, des livres bien rangés. Cheik Al-Albani, *La Salafiyya, du mythe à la réalité*, Khâlid Abû Sâlih, *Le Vendredi, Règles de bienséances et mérites*, Adh-Dhahabi, *Les Grands Péchés*, Shaykh Muhammad Al Wusabi, *Leçons du Tawhid*, Sheykh Al Utheymi, *Fatawas sur les piliers de l'Islam.*

« Tu vois, Saskia, c'est une petite bande de vieux messieurs qui prêchent, qui vont dans la rue, qui vont dans les quartiers, et qui font un peu ce métier de "médiateurs". Ceux que l'on appelle "médiateurs" aujourd'hui, et qui vont voir les jeunes en leur disant : "Tu fais de la moto-cross, tu fais du bruit, tu restes en bas des escaliers, en bas des immeubles et tu déranges les gens. Au lieu de ça, viens à la mosquée adorer Dieu et tu vas voir. Tu vas avoir la tranquillité de l'esprit, la sérénité de l'esprit." »

Dans le bureau, devant son écran, Abdel monte des vidéos sur les bienfaits de la prière. Sa profession.

« Pendant très longtemps, j'étais une sorte de porte-drapeau de la France. Quel que soit l'endroit où je me rendais dans le monde, je disais que la France était le meilleur pays qui soit. »

Il s'arrête.

« Je le dis sincèrement, je pense autrement. »

Levant l'index :

« Oui, la France, aujourd'hui, est devenue discriminatoire. Écoute bien ce que je vais dire, Saskia : oui, la France est devenue raciste. Oui, la France est devenue anti-islam. »

Reportage dans ma classe. Les élèves entrent. Le cours commence. Au tableau, le plan du cours sur la notion de religion. La journaliste néerlandaise interroge les élèves.

« On vit dans un pays soi-disant laïque, mais on nous prive de nos libertés. Et pour moi, c'est un crime. Excusez-moi ! »

Une autre élève :

« Les lois françaises, elles vont nous interdire certaines choses. Du coup, nous, on veut montrer que non, malgré les interdictions, on veut porter ces signes religieux, qui nous font plaisir, qui nous montrent qu'on appartient à un groupe religieux. »

Un garçon :

« Moi, je suis musulman pratiquant. Et une fois, j'avais ma musique sur moi. Il y a une personne qui m'interpelle et qui me dit : "Oui, tu sais que..." Je sortais de la mosquée. “Oui, tu sais que si tu écoutes de la musique…” Il a commencé à me parler du diable. »

Sa voisine, derrière sa table, l’interrompt :

« Il t’a peut-être conseillé d’arrêter d’écouter de la musique. Mais je ne pense pas qu’il t’a forcé à arrêter d’en écouter. Il ne t’a pas dit “Arrête d’écouter de la musique !” »

L’élève persiste :

« Si, il m’a dit un peu ça… »

Il reprend :

« Moi, je connais quelqu’un. Je serrais la main tous les jours à cette personne… Le lendemain, on m’a dit qu’il était parti. Je n’ai pas compris pourquoi. Et après on m’a expliqué. »

Une autre :

« Je connais quelqu’un qui est également parti là-bas. C’était pareil, c’était un pratiquant. Il allait toujours faire la prière à la mosquée. Et puis, du jour au lendemain, il a dit à sa mère qu’il allait en vacances avec un groupe d’amis et, en fait, elle a découvert qu’il était allé en Syrie. »

Saskia, dans la rue :

« Abdel, tu te considères salafiste ? »

Abdel :

« Oui, je suis salafiste. Qu'est-ce que ça veut dire "salafiste", Saskia ? C'est un mot noble. C'est une position noble. Le prophète Mohammed était salafiste... Écoute, je veux que tu répondes à cette question, Saskia. Combien d'hommes, occidentaux, européens... Combien d'empereurs ont félicité le comportement et la gouvernance de Mohammed ? Tu sais ? Des centaines ! »

Sur le marché. Une femme, veste tailleur, chemise bleue, à Abdel :

« Il faut que vous vous déguisiez pour venir à Trappes ! Eh bien, moi, je ne me déguise pas, et je viens à Trappes ! »

Abdel, moqueur :

« Vous pensez qu'il y a une discrimination dans l'autre sens, maintenant ? »

La dame :

« Absolument. Vous vous déguisez. Vous portez la barbe, vous portez la demboura... Et si vous ne les portez pas, on vous regarde de haut en bas. Même quand vous allez faire vos courses, si vous ne portez pas la barbe, et vous donnez votre pièce, on va faire passer celle qui est derrière vous, parce qu'elle est voilée, mais pas vous ! Regardez la réalité en face, monsieur ! »

Abdel tient sa petite fille de trois ans dans ses bras. La petite, une tétine à la bouche, serre contre elle un ours en peluche. Un de ces ours étranges en vente dans les commerces islamiques sans yeux, sans visage, sans âme. Il répète invariablement : « Quand j'ai fini de boire, je dis : *Alhamdulillah.* Quand j'éternue, je dis : *Alhamdulillah*[1]… »

1. Littéralement, « louange à Allah ».

Lettre au président

Le jeudi 29 mars 2018

Monsieur le président de la République,

En tant que citoyens, nous sommes très préoccupés par le fait que votre gouvernement n'a, à ce jour, défini aucune stratégie claire pour lutter contre les causes de l'islamisme. De nombreux jeunes Français, musulmans ou non-musulmans, partagent aujourd'hui des valeurs antidémocratiques, antirépublicaines, voire adhèrent à une idéologie régressive et obscurantiste. Comme le remarquent de nombreux observateurs, une forme de guerre civile devient envisageable.

Le livre de Raphaëlle Bacqué et d'Ariane Chemin, *La Communauté*, paru au mois de janvier dernier, met fin à des années de déni aussi bien journalistique que politique. En écrivant l'histoire de Trappes, il documente le processus de transformation d'une population qui a conduit à l'édification d'une pépinière jihadiste en pleine région parisienne. Il pose la question des responsabilités multiples, tant locales que nationales. Les derniers chapitres montrent comment les injustices, réelles ou perçues dans un imaginaire victimaire entretenu par certains, constituent le terreau de l'islamisme.

Comme on le voit à travers ce livre, pour les tablighis, les Frères musulmans et les salafistes, la pratique religieuse n'est plus réellement une pratique spirituelle dans un espace social où règne l'altérité mais une pratique identitaire qui instaure un clivage entre les « vrais musulmans » et les autres, « mauvais musulmans » et « mécréants ». Ce clivage marque le rejet violent des valeurs démocratiques et prélude à la déshumanisation des bourreaux et des victimes. Car, au-delà du projet totalitaire d'une société qui ne serait plus régie par des lois humaines, cette « communauté » considère dorénavant le reste de la société comme appartenant à une humanité inférieure. Ainsi une continuité entre jihadistes non violents et jihadistes ultra-violents est-elle assurée.

Jusqu'à présent, votre gouvernement a repris en main la chaîne de commandement des forces de protection défaillante lors des attentats de 2015. Il a rétabli l'efficacité des services de renseignement pour parer les menaces immédiates d'attentats et de tueries de masse toujours très élevées. Grâce à ces mesures, vous avez évité à notre pays un certain nombre d'attaques l'an dernier. Cependant, ce temps d'avance sur les assassins potentiels ne saurait se prolonger indéfiniment.

Nos ennemis vont s'adapter comme ils l'ont toujours fait. Sans une stratégie pour supprimer les conditions qui poussent les gens vers l'islamisme, nous serons tôt ou tard confrontés à de nouveaux passages à l'acte.

Or, dès 2004, le rapport Obin mettait déjà en garde le ministre de l'Éducation nationale sur l'évolution inquiétante de ces « contre-sociétés » qui se multipliaient un peu partout sur le territoire. Cet avertissement, suivi d'un plan pour éviter la catastrophe, ne semble pas avoir été pleinement pris en compte par les différents ministres jusqu'à ce jour.

Après les attentats de 2015, soit onze ans plus tard, quelques mesures, concernant surtout la laïcité à l'école, ont certes été prises. Mais celles-ci demeurent insuffisantes au regard de la situation.

Monsieur le président, allez-vous poursuivre une politique qui a conduit à tant de drames humains ?

Nos jeunes sont livrés à des réseaux, qui recrutent dans les quartiers au grand jour et sur Internet. Comment se fait-il que notre République abandonne ses enfants ? Pourquoi l'État ne démantèle-t-il pas ces réseaux ? Pourquoi n'apporte-t-il aucune réponse d'ensemble pour transformer les conditions sociales qui favorisent l'islamisme ?

Monsieur le président, quel changement d'orientation à l'égard des populations issues de l'immigration envisagez-vous ?

En un mot, quelle politique d'intégration comptez-vous mener pour mettre fin au sentiment de non-appartenance au monde d'une partie toujours plus grande de nos concitoyens ?

Veuillez agréer, monsieur le président de la République, l'expression de notre respectueuse considération.

Didier Lemaire, professeur de philosophie
au lycée de la Plaine-de-Neauphle
Jean-Pierre Obin, ancien inspecteur général
de l'Éducation nationale

Le refus de savoir

Il n'y a qu'une librairie à Trappes ; elle est islamique. Raphaëlle Bacqué et Ariane Chemin n'ont donc pas d'autre choix que de présenter leur livre, *La Communauté*, dans une municipalité voisine, à Saint-Quentin-en-Yvelines. Une soixantaine de personnes – des militants associatifs ou politiques, pour la plupart – sont venues. Les auteurs parlent des réussites de la ville, de la pléiade de personnalités du monde du spectacle, de la disparition de la mixité sociale puis ethnique, de l'effondrement du communisme municipal, des ravages de la drogue, de l'arrivée des prédicateurs tablighis, d'anciens du GIA, et des Frères musulmans qui vont, chacun à leur manière, s'appuyer sur un sentiment d'abandon pour gagner la jeunesse à leur projet d'islam politique.

Le débat est rapidement lancé. Les critiques pleuvent. Tantôt c'est un détail inexact, tantôt un contre-exemple qui sert à passer sous silence les conclusions de leur enquête. On les accuse de faire du sensationnalisme, de chercher à se mettre en avant, de forcer le trait, de salir l'image de la ville, et, pour finir, de faire le jeu de l'extrême droite. Une personne déplore même que son nom ne figure pas dans le livre.

« Qui êtes-vous pour parler de notre ville alors que vous n'êtes pas de Trappes ? »

Déçu par cette soirée, je tente d'organiser une rencontre avec les habitants de Trappes, mes collègues du lycée, qui, à l'exception de la documentaliste, ne sont pas venus à Saint-Quentin. Peut-être même des élèves et leurs parents se déplaceraient-ils. Il me semble que les auteurs pourraient mieux défendre leur enquête si l'on invitait à ce débat un sociologue du jihadisme, Hugo Micheron, Jean-Pierre Obin pour l'école, et un contradicteur comme Pascal Blanchard.

Je demande une salle à la mairie de Trappes. Veto catégorique du maire. Je dois chercher un lieu ailleurs. Je me rends à la permanence de la députée de la majorité présidentielle, un local au milieu d'une zone industrielle de fret, étrangement excentré. Mme Nadia Hai me promet de contacter ses amis maires pour trouver une salle dans une ville voisine.

Quelques semaines plus tard, il faut se rendre à l'évidence : aucun maire de La République en marche ne souhaite accueillir dans sa commune les deux écrivaines.

Pourquoi ce refus ? Sans doute en raison de calculs électoraux. On peut le comprendre ; les maires, quelle que soit leur couleur politique, craignent de déplaire à une partie de leurs électeurs, surtout quand l'autre se montre peu intéressée par le sujet.

Or, en 2018, la grande majorité de nos concitoyens ignore la nature de la menace qui pèse sur notre pays. Elle n'a pas non plus très envie de le savoir. Car, si les attentats de 2015 ont sidéré les Français, ceux de 2016 et 2017 – attaque à la machette d'un enseignant juif, exécution de deux policiers à Magnanville, tuerie du 14 juillet à Nice, tuerie de l'église de Saint-Étienne-du-Rouvray, attaque manquée de Notre-Dame de Paris, attaque de militaires au Carrousel du Louvre, attaque d'un fourgon policier avenue des Champs-Élysées, attaque d'un policier à Notre-Dame de Paris, attaque d'un convoi de la gendarmerie avenue des Champs-Élysées, attaque de militaires à Levallois-Perret, tuerie au couteau gare Saint-Charles à Marseille – n'ont presque aucun impact sur l'opinion. Passé les séquences nationales d'émotion, variables en intensité et en durée selon le degré d'horreur de ces assassinats, un certain fatalisme s'installe.

Que peut-on faire si les « attentats terroristes » résultent d'une pulsion imprévisible de « radicalisation » ?

Pourtant, depuis au moins 2002, avec *Les Territoires perdus de la République*[1], des études scientifiques documentent un fait social nouveau, et expliquent comment se développent, partout sur notre territoire, des « écosystèmes » qui accueillent et forment les ennemis de notre pays.

Mais les élus, en phase avec les Français, ne veulent pas savoir que le « terrorisme » n'est que la pointe d'un projet de conquête islamique de l'Europe. Ils ont, eux aussi, d'autres priorités. C'est pourquoi le pouvoir exécutif ne traite la menace que de façon technique : renforcement des moyens de surveillance, expulsion des activistes les plus véhéments, programmes de « prévention » et de « détection », négociations avec les « représentants » de l'islam en France, dont beaucoup sont des islamistes plus ou moins déguisés.

Une posture qui relève moins du déni que d'un refus de savoir. Si le déni consiste à refuser ou à

1. *Les Territoires perdus de la République*, Emmanuel Brenner, Mille et Une Nuits, 2002, Pluriel, 2015.

nier un fait, le refus de savoir évite d'affronter des vérités dérangeantes, des vérités qui conduiraient à mettre en question ses choix et à prendre le risque de l'action.

Lutter contre les effets

Les tueries se poursuivent. En janvier, un détenu de la prison de Vendin-le-Vieil attaque au couteau quatre surveillants. Un Allemand de tradition catholique, converti à l'islam, impliqué dans l'organisation des attentats du World Trade Center. En mars, à Carcassonne et à Trèbes, un Franco-Marocain tue quatre personnes, dont l'officier supérieur de gendarmerie Arnaud Beltrame. Deux mois plus tard, dans les rues de Paris, un Franco-Russe originaire de Tchétchénie tue à l'arme blanche une personne, en blesse quatre autres grièvement. En décembre, à proximité du marché de Noël de Strasbourg, un Franco-Algérien tue cinq passants et en blesse onze autres.

En cette rentrée de septembre 2018, les élèves me paraissent fermés. C'est la première fois de ma carrière que j'entre en classe en éprouvant une sorte de malaise, diffus, comme si, dorénavant, la communication entre nous se faisait à travers un filtre. J'essaie de lutter contre ce sentiment nouveau qui m'éloigne de mes élèves et rend ma parole moins spontanée. Lors de la rencontre du début d'année avec les parents, je comprends mieux d'où me vient cette impression de méfiance. Je suis frappé par le nombre de mères voilées. Que dis-je ! De mères revêtant des tenues sombres couvrant tout leur corps. Je m'efforce de détourner mon attention de ces uniformes et de m'adresser aux personnes, mais cet effort pour maintenir un lien de reconnaissance a-t-il encore un sens ?

L'année précédente, lors des épreuves de baccalauréat de l'option cinéma, mes élèves avaient dû se déplacer à Marly-le-Roi, à 16 kilomètres de Trappes, pour présenter leur film. Quatre filles en étaient revenues mine déconfite. Je les interrogeai, étonné. « Monsieur, on n'était vraiment pas à l'aise. On s'est senties étrangères, inférieures. Là-bas, il n'y a pas d'Arabes ou de Noirs. Ils ne sont pas habillés comme nous. Ils ne parlent pas comme nous. » D'où leur venait donc ce sentiment d'infériorité ? Ces jeunes filles ne se percevaient-elles plus comme des Françaises comme les autres ?

Cette année-là, nous avions profité, ma collègue et moi, de la visite d'une école de cinéma pour nous promener à Montmartre avec nos élèves. La plupart d'entre eux ne s'étaient rendus à Paris qu'une fois ou deux dans leur vie. Pour certains, c'était même une première. Ils découvraient la capitale, à quelques dizaines de minutes en train de chez eux.

À Trappes, le plan lancé par le président de la République, censé endiguer la progression du « séparatisme » et devenir un modèle pour d'autres quartiers, n'a pas donné les résultats attendus. Pourtant, le président s'autofélicite de son action. Le 18 octobre, dans son discours aux forces de sécurité intérieure, il parle d'actions menées « à (sa) demande, en particulier à Trappes, pour mieux prévenir et mieux lutter contre les comportements et les agissements qui favorisent l'extension de la radicalisation ». Mieux prévenir et mieux lutter. Mais contre quoi ?

Une note blanche fuite dans la presse. Elle souligne la progression d'une « logique communautaire forte, diffuse et permanente » : financement par les commerces des réseaux islamistes, prosélytisme religieux qui prend une dimension sociale et caritative, infiltration des radicalisés dans les associations, loi du silence, difficultés à collecter des données et à signaler les personnes « radicalisées », mise en place d'un contrôle social des normes et des pratiques religieuses dès le plus jeune âge.

Selon cette note, la situation dans les écoles se dégrade fortement : « augmentation de la pratique du jeûne pendant le ramadan parmi les enfants scolarisés en CM1/CM2, jusqu'à 50 % dans certaines classes ; augmentation des refus d'inscription à la cantine scolaire (classes élémentaires) au motif que la viande n'est pas halal ; augmentation du port de tenues cultuelles (jupes longues) au collège et au lycée ; refus croissant de participer à certaines activités scolaires, comme le chant pour les filles ; baisse de fréquentation des structures d'accueil des jeunes comme la Mission locale de Trappes ». Certains de ces constats, notamment ceux qui touchent la petite enfance, me sont confirmés par une assistante sociale qui travaille dans la ville.

Pour tous les établissements du secondaire de Trappes, ma proviseure lance un plan ambitieux de prévention. Elle cherche à former une équipe de pilotage. Sur trois collèges et trois lycées, nous sommes seulement quatre enseignants à avoir répondu à l'appel : deux enseignantes d'un lycée professionnel, une d'un collège et moi. Presque chaque mois, nous nous réunissons, avec deux autres chefs d'établissement, pour élaborer un projet à destination des élèves et des enseignants. Nous nous accordons sur la nécessité d'apporter un éclairage sur la laïcité, son principe et ses applications dans le cadre scolaire, et de façon plus générale, sur les principes républicains, de sensibiliser au risque de dérive sectaire et à « la radicalisation », d'évoquer les départs en Syrie au moins à travers une fiction littéraire.

Lors d'une de ces séances, j'insiste sur l'importance de lutter contre l'enfermement des élèves dans la ville. Ma proviseure propose de favoriser les voyages scolaires. On parle de les envoyer dans le Cantal ! Le maire adjoint d'alors, M. Rabeh, venu exceptionnellement assister à cette réunion, promet que la commune participera aux frais.

Malheureusement, ce beau projet, financé par l'Éducation nationale à hauteur de quelques dizaines de milliers d'euros, est abandonné douze mois plus tard, faute de motivation des personnels administratifs et des enseignants. Notre cheffe d'établissement, déjà lourdement accaparée par ses tâches administratives, est lasse. Et nous sommes trop peu nombreux à le porter.

Alors que faire ? Pourquoi lutter contre les effets les plus visibles d'un mal si l'on ne fait rien pour stopper sa cause ? À moins que ce ne soit là une façon de nous exonérer de notre propre responsabilité, non pas celle de telle institution, ni même de tel

« responsable » politique – le maire de Trappes, tel ou tel député, ministre ou président –, mais celle de nous tous qui peinons à regarder en face le péril qui nous menace ?

Témoigner

Pas sûr que s'ils se taisent, les pierres crieront.

Difficile, pour moi, de me taire, de rester spectateur. Alors, je témoigne.

À deux reprises, en décembre 2018 : sur France Inter, dans la célèbre émission de Fabrice Drouelle, *Affaires sensibles*, et lors d'un colloque de l'Institut de recherche de la FSU.

Le témoin assiste à un événement et le relate, généralement dans le but de révéler un fait ou de l'attester. Il apporte par sa parole une preuve de ce qui s'est passé. Dans une enquête, qu'elle soit judiciaire, journalistique ou historique, son témoignage constitue un élément qui permet d'établir la vérité.

Ce n'est pas exactement en ce sens que je témoigne. Plutôt que de relater un fait, je raconte la transformation du lycée et de la ville. Je choisis plusieurs faits, les tisse en un récit pour leur donner une sorte de continuité et d'unité. En racontant ce qui arrive, je communique aussi mes sentiments, mes choix, mon point de vue. Témoin narrateur plus que spectateur, j'essaie de partager mon expérience.

Malgré les résistances idéologiques face au péril qui vient, les simplifications outrageuses, les invectives, les anathèmes qui tiennent lieu de débat politique, je me dis que je serai peut-être entendu.

S'associer

Notre cercle réunit d'anciens professeurs du lycée, des travailleurs sociaux, un éducateur, une artiste, des cadres du monde culturel, un libraire, un ancien médecin, des retraités, des militants associatifs et politiques. Nous habitons tous aux alentours de Trappes et connaissons la réalité du terrain. Notre but est d'analyser les conditions de l'emprise islamiste et de définir la nature de cette menace afin d'y répondre d'une manière adaptée. Nous voulons contribuer au débat public, et d'abord avertir. Dire que, si l'État persiste à ne compter que sur les services de renseignement et la police pour éviter les tueries, le pays risque d'être balayé tôt ou tard par des vagues de violence. Dire que la lutte contre le jihadisme ne relève pas uniquement du devoir de sauver des vies humaines, mais qu'elle constitue un impératif politique de défense de nos institutions républicaines et de la paix civile.

Nos activités consistent à nous instruire, partager nos connaissances, confronter nos points de vue, inviter des conférenciers pour nous former, travailler à un lexique afin de clarifier nos idées et nos positions.

Après quelques mois de belle synergie, le cercle devient insensiblement vicieux : l'inclination à se réunir l'emporte sur la volonté d'agir, de nouveaux adhérents, qui s'étaient joints à nous, se révèlent en désaccord avec nos positions, des dissensions se font jour.

Ces difficultés seraient surmontées si certains ne s'affranchissaient pas des règles et des décisions collectives pour imposer leurs vues. Je me retire, à regret.

Dans le même temps, on m'invite à Paris dans un salon où se réunissent nombre d'intellectuels, de philosophes, d'historiens, de journalistes, de juristes, d'anciens conseillers politiques de ministres, des universitaires, des enseignants, des chercheurs, des personnalités du monde culturel – tous rassemblés par la même inquiétude. C'est un lieu d'échange d'informations précieuses, de débats, parfois vifs, de propositions pour tenter de peser dans la vie publique. Je suis ébloui par tant d'intelligence et de connaissances. Quel bonheur de croiser dans cette assemblée un ethnologue que j'admire et dont je parle souvent à mes élèves !

Quelque chose, cependant, me trouble : comment se fait-il que ces beaux esprits se cantonnent à analyser un phénomène, à critiquer la parole des uns et des autres, sans jamais se demander comment le pouvoir politique devrait agir ? Pour surmonter les résistances de nos concitoyens et de nos représentants, ne faudrait-il pas élaborer une véritable stratégie pour lutter contre l'islamisme ? En proposant aux Français ce projet, ne leur redonnerait-on pas confiance en eux et en leur avenir ?

Les politiques font de la communication. Ils improvisent ; quand elles ne se réduisent pas à des effets d'annonce, les lois qu'ils font voter s'inscrivent dans le court terme. Occupés par l'avancement de leur carrière, pris dans les tourbillons médiatiques où ils jouent leur image, ils n'ont jamais le temps de prendre du recul pour réfléchir. Et quand bien même ils le prendraient, rares sont ceux capables d'admettre leur ignorance ou de remettre en question leurs idées.

En quittant le salon, je demande à un éminent historien quelle devrait être, selon lui, la stratégie du gouvernement pour stopper l'offensive islamiste. Celui-ci se tourne vers moi et me répond, l'air navré : « Il n'y a pas de volonté politique. »

Certes. Il n'y a pas de volonté politique. Il faudrait donc concevoir un plan avec des objectifs clairs, des étapes et un calendrier.

Le paradoxe de la tolérance

29 octobre 2019, Causeur.

La tolérance s'entend comme le fait d'accepter ce que l'on réprouve au nom d'une raison supérieure – divine, juridique, morale, politique ou philosophique.

Être tolérant ne signifie évidemment pas tout tolérer. Il y a des actes comme le vol ou le crime que l'on ne tolère pas, sinon la paix civile cesserait, et la société se dissoudrait. La tolérance a pour limite ce qui aboutit à l'état de guerre de tous contre tous.

La tolérance a également une deuxième limite. Celle de la connaissance. On tolère une croyance ou une opinion dans la mesure où celles-ci ne peuvent ni être prouvées, ni être réfutées. Toutefois, il n'y aurait guère de sens à tolérer une erreur.

Mais peut-on interdire une opinion intolérante ? La tolérer ne favoriserait-il pas l'intolérance ? Ou serait-ce de l'intolérance que de ne pas la tolérer ? D'où le paradoxe de la tolérance formulé par le philosophe Karl Popper :

« (...) La tolérance illimitée doit mener à la disparition de la tolérance. Si nous étendons la tolérance illimitée même à ceux qui sont intolérants, si nous ne sommes pas disposés à défendre une société tolérante contre l'impact de l'intolérant, alors le tolérant sera détruit, et la tolérance avec lui[1]. »

La tolérance illimitée : contradictoire car autodestructrice. Comment, dès lors, sans renoncer à la tolérance, établir une limite claire entre ce qui doit être toléré et ce qui ne doit pas l'être ?

Dans une république, la tolérance s'étend par principe à tous, y compris à ceux qui prônent d'autres régimes politiques – monarchique, despotique, théocratique, et même totalitaire. Toutefois, lorsque des groupes factieux représentent une menace réelle pour la République, il devient, selon Popper, impérieux de ne plus les tolérer.

« Je ne veux pas dire par là qu'il faille toujours empêcher l'expression de théories intolérantes. Tant qu'il est possible de les contrer par des arguments logiques et de les contenir avec l'aide de l'opinion

---

1. *La Société ouverte et ses ennemis*, Seuil, 1979, tome I, p. 222, Points Seuil, 2018.

publique, on aurait tort de les interdire. Mais il faut revendiquer le droit de le faire, même par la force si cela devient nécessaire, car il se peut fort bien que les tenants de ces théories se refusent à toute discussion logique et ne répondent aux arguments que par la violence. Il faudrait alors considérer que, ce faisant, ils se placent hors la loi et que l'incitation à l'intolérance est criminelle au même titre que l'incitation au meurtre, par exemple[1]. »

Popper ne refuse donc pas *a priori* le droit de s'exprimer à ceux qui refusent la tolérance. Il considère néanmoins qu'il peut arriver un moment opportun où il devient nécessaire d'empêcher par la loi et par la contrainte ceux qui la menacent. Cette troisième limite à la tolérance repose sur l'appréciation du risque. Le seuil tolérable étant défini par la force de l'opinion et l'état de non-violence.

Sommes-nous arrivés ou non à ce point où il deviendrait dangereux de tolérer l'intolérance, ou bien pouvons-nous continuer de tolérer ceux qui incitent à l'intolérance ?

Bien que d'aucuns espèrent banaliser les attentats, nous vivons désormais dans un état de violence, sous

1. *Ibid.*

la menace constante d'assassinats ciblés ou de masse. Une tentative d'attentat est déjouée tous les mois et demi. Certains de nos concitoyens – journalistes, universitaires – doivent vivre sous protection policière. De nombreux lieux de culte en France font également l'objet de protection militaire ; les synagogues, et depuis peu, certaines églises catholiques comme l'abbatiale de Vézelay.

Mais la menace jihadiste n'est que la face la plus visible d'une violence islamiste diffuse. Toutes les mouvances de l'islam politique partagent en effet l'objectif de fonder un État islamique sur la base d'une intolérance maximale. Pour atteindre ce but, ces groupes avancent selon des stratégies complémentaires : le prosélytisme pour les tablighis, le séparatisme identitaire pour les salafistes, la victimisation et la stratégie de pression, l'infiltration de tous les lieux de pouvoir et de savoir pour les Frères musulmans.

Ainsi, les populations soumises aux salafistes ou aux tablighis forment-elles le vivier du jihadisme. Elles ont fourni l'essentiel du bataillon des 1 700 jihadistes français partis pour le « califat ». Dorénavant, les candidats au passage à l'acte, estimés à 4 000, ne quittent plus ces pépinières. Et ce sont plus de 22 000 individus idéologisés qui pourraient basculer demain dans cette catégorie.

Des chiffres qui ne devraient pas cesser d'augmenter. Car, selon plusieurs enquêtes du CEVIPOF[1] ou de l'Institut Montaigne, ils seraient des centaines de milliers de « musulmans » à regarder avec hostilité les principes de la République et nourrir à l'égard de la France un ressentiment potentiellement explosif. Une part toujours plus large de nos concitoyens évolue sous l'influence islamiste. On dénombre sur notre territoire pas moins de 147 mosquées tablighis, 152 mosquées salafistes (dont plus de la moitié en Île-de-France) et 170 fréristes (chiffres du SRCT). Soit près d'un cinquième des mosquées sous contrôle islamiste. Si l'on ajoute à cela la multiplication des librairies islamistes, des commerces identitaires, des réunions nationales ou internationales d'islamistes, des figures fréristes plus ou moins affichées ou d'organisations soi-disant antiracistes qui légitiment l'islamisme dans le débat public, on ne voit pas ce qui pourrait endiguer la menace de fracture de notre nation.

Qu'en est-il, maintenant, de l'opinion ? Celle-ci paraît plus que divisée, piégée par le chantage à l'islamophobie. Tandis que le débat sur la laïcité à l'école comme dans l'espace public fait rage, dans la plus

1. Centre de recherches politiques de Sciences-Po.

grande confusion, les différentes sortes de voile, comme le hijab ou le djilbab, sont encore considérées par certains comme des signes religieux, par nature tolérables, alors que ces tenues constituent aussi des étendards politiques du séparatisme et de l'infériorité de la femme.

Le voile n'est pas un simple « attribut rétrograde » de l'intégrisme. Il constitue l'un des vecteurs de la conquête idéologique de l'islamisme. Sa progression marque l'emprise islamiste sur une partie de notre population. Il invisibilise moins les femmes qui le portent qu'il ne rend visible dans l'espace public l'application des supposées lois de la charia contre les lois républicaines et les principes de liberté, d'égalité et de dignité de la personne. Le voile est un drapeau.

L'intolérance islamiste nous paraît loin d'être contenue par l'opinion publique. Celle-ci, d'ailleurs, se cramponne à son déni, bercée par les apôtres de la bonne conscience.

Mais est-ce la seule raison qui conduise l'opinion, nos gouvernants et une large partie des intellectuels de notre pays à sous-estimer la menace qui pèse sur la paix civile et nos principes démocratiques ?

Il est sidérant de voir qu'en dépit des travaux scientifiques d'un Gilles Kepel ou d'un Georges Bensoussan, de la mise en garde d'un inspecteur général de l'Éducation nationale comme Jean-Pierre Obin en

2004, la menace islamiste n'est toujours pas correctement appréhendée. Et tandis que les plus engagés dans la lutte pour les libertés s'écharpent pour savoir jusqu'où le voile relève du champ d'application de la laïcité, aucun plan rationnel n'est envisagé pour neutraliser les ennemis de la tolérance. Même ceux qui n'ont de cesse de dénoncer l'islamisme n'y pensent pas.

Il est urgent de construire une stratégie cohérente, conforme à notre État de droit et à nos principes, pour défendre la tolérance. Mais qu'on ne s'y trompe pas : la réponse au paradoxe de la tolérance est elle-même paradoxale : car, pour défendre la tolérance, il faut, selon Popper, quand la violence se répand dans la société et que l'opinion n'est plus un rempart, interdire la diffusion des théories intolérantes et traiter ceux qui s'attaquent à la tolérance comme des criminels. Sinon, « le tolérant sera détruit, et la tolérance avec lui ».

L'assassinat de Samuel Paty

Il est 19 h 58. L'autocar file au théâtre Montansier de Versailles. Je reçois un texto de mon ancienne proviseure.

« Quelle horreur ce qui s'est passé à Conflans. Je pense bien à vous, et j'espère que vous allez bien. »

J'essaie justement de chasser de mon esprit cette horreur. Je dois accompagner mes élèves pour assister à la pièce qui nous est offerte. Ne pas me laisser submerger par l'émotion. Afficher, toute la soirée, un sourire bienveillant.

Au retour, un mélange indéfinissable de tristesse et de colère m'envahit. Un sentiment d'impuissance aussi. Pas seulement devant l'abjection humaine, mais plus encore devant l'irresponsabilité de ceux qui gouvernent. Ils sont les serviteurs de la nation. Ils ont, depuis vingt ans, méprisé tous ceux qui ont lancé l'alerte. Ils nous ont trahis.

Je ne me souviens pas avoir éprouvé dans ma vie ce genre de tristesse mêlée d'écœurement. Une colère calme, salutaire.

Un climat étrange

Pendant plusieurs jours, j'observe un silence relatif. J'essaie de garder une distance avec le monde. Face au flot d'informations continues, je ne veux pas que s'immisce en moi l'idée que ce qui est arrivé n'aurait pas pu ne pas arriver.

En réalité, les événements sont si extraordinairement complexes que la moindre décision peut en modifier le cours. En réduisant le réel à un enchaînement de faits, triés parmi une infinité d'autres et réduits à des explications grossières, nous oublions leur contingence radicale.

Je me sens comme Ulrich, *L'Homme sans qualités* de Musil, inspiré par le sens du possible. Comme lui, je ne dirais pas : « Ici s'est produite, va se produire, doit se produire telle ou telle chose », mais j'imaginerais : « Ici pourrait, devrait se produire telle ou telle chose. » Et, quand on me dit d'une chose qu'elle est comme elle est, je pense qu'elle aurait pu être aussi bien autre. La réalité du monde ne doit pas faire écran à son irréalité vertigineuse. Car, sans cette dernière, nous ne pourrions plus agir.

Il y a dans la connaissance quelque chose qui paralyse. Elle nous place en position de spectateurs comme si la réalité était indépendante de nous. Aux grandes théories explicatives, je préfère le nez de Cléopâtre. Petites causes, grands effets. C'est la leçon de Pascal : « Le nez de Cléopâtre, s'il eût été plus court, toute la face de la terre aurait changé. »

Or, comment ne pas voir ces mille petites causes, jusqu'aux décisions humaines les plus minimes, concourir à l'assassinat de Samuel Paty ? Il faudrait tout un livre pour le montrer[1]. On se trouve là devant un événement dont on ne peut démêler ce qui relève de lois générales, du hasard, et de mille décisions, jusqu'aux plus petites lâchetés, prises chaque jour par une multitude d'êtres humains.

Malgré le dégoût, je m'efforce de regarder comment, parmi mes co-mortels, ceux qui exercent des « responsabilités » vont s'y prendre pour ne pas

1. Ce livre existe. Il a été écrit par David di Nota : *J'ai exécuté un chien de l'enfer, rapport sur l'assassinat de Samuel Paty*, Le Cherche midi, octobre 2021.

attirer l'attention sur la leur. Non pas ceux qui pactisent ouvertement avec les islamistes, qui leur disent ce qu'ils veulent entendre : que *Charlie Hebdo* fait la guerre aux musulmans, que la critique de l'islam est un crime raciste, que la laïcité est une manière de discriminer et d'opprimer, que la France est un pays raciste… Tous ceux qui vont nourrir le monstre. Ceux-là, qu'avons-nous encore à leur dire ? Ils nous désignent déjà comme des cibles.

Le soir même, le président de la République se présente sur les lieux, flanqué du ministre de l'Intérieur et du ministre de l'Éducation nationale. Le tueur lui a personnellement adressé cette déclaration de guerre : « Macron, le dirigeant des infidèles, j'ai exécuté un de tes chiens de l'enfer qui a osé rabaisser Muhammad. » Face aux caméras, le président déclare : « Ils ne passeront pas… Nous ferons bloc. Ils ne passeront pas. » Est-ce une réponse digne d'un chef d'État ?

Car faut-il le nier ? Ils sont là et ils sont déjà passés. Et ils continuent, comme l'activiste islamiste qui a motivé le passage à l'acte de l'assassin de Samuel Paty, puisque rien n'est fait pour les arrêter. Des centaines sortiront de prison. Des milliers, déjà fichés, se promènent librement. On n'a plus assez de policiers pour les suivre. Pourtant, on garde ceux qui sont étrangers dans notre pays. Les islamistes n'ont même plus besoin de contrôler des viviers comme celui de Trappes tant la doxa victimaire infuse et répand partout, selon le mot de Gilles Kepel, le « jihadisme d'atmosphère ».

Je peine à écouter les paroles de mon ministre de tutelle. Ses discours sur la laïcité ont fini par me lasser. Je veux bien croire en ses intentions, mais où sont les actes ? Ce soir, je ne peux m'empêcher de penser qu'il se serait honoré en présentant sa démission au Premier ministre. Ne serait-ce que pour faire corps avec les enseignants. Pour dire qu'il est leur chef. Le Premier ministre l'aurait reconduit dans ses fonctions, lui aurait réaffirmé sa confiance. Mais non. Rien. Quelle gifle pour nous tous qui enseignons !

Dans ce climat étrange, où l'unanimité de l'émotion occulte la position des uns et des autres, y compris de ceux qui collaborent avec nos ennemis, seule l'ancienne ministre et présidente du Conseil régional d'Île-de-France, Valérie Pécresse, pointe les choix défaillants de l'État qui ont conduit à l'assassinat de Samuel Paty :

« L'Éducation nationale ne peut plus fermer les yeux plus longtemps face à la pression malsaine et intolérable dont font l'objet des enseignants dans l'exercice de leur mission éducative, quand ils abordent des sujets qui ne plaisent pas à une minorité. La République est défiée depuis des années, et elle regarde ailleurs. Cette tragédie abjecte doit être un électrochoc salutaire ! »

Écrire

Au sixième jour, je me sens prêt.

Je voudrais m'adresser à mes élèves. Mais que leur dire ? Est-ce bien à moi de m'adresser à eux ? Et est-ce vraiment à eux que je dois m'adresser ?

Ne trouvant aucune réponse à ces questions, je voudrais au moins avoir une parole envers mes collègues du lycée. Je commence à leur écrire une lettre. Je leur parle du sens de notre métier, ou plutôt, de notre mission. Une mission que nos ministres de l'Éducation nationale nous ont fait oublier depuis plus de trente ans. Je rappelle qu'elle ne consiste pas à préparer la réussite sociale de nos élèves, mais d'abord à les instruire. Tandis que les mots viennent, je me prends à m'adresser à tous les enseignants de France.

J'envoie mon texte à ma collègue de lettres, lui fais part de mon intention de le publier dans *L'Obs*.

Celle-ci estime que ma lettre pourrait avoir des répercussions sur ma sécurité ainsi que sur celle des collègues. Aussi serait-il prudent de demander à notre proviseur de contacter à la rentrée le commissaire de police de Trappes.

Je savais que prendre publiquement la parole m'exposerait. Je comprends qu'une page va désormais se tourner et que je vais me mettre en danger.

Lettre aux enseignants

Chers collègues enseignants,

Un professeur, notre collègue, est mort du seul fait d'avoir enseigné les principes qui fondent notre république et notre histoire : la liberté de penser et son corollaire, la liberté d'expression.

À travers lui, ces assassins ont visé tous les enseignants qui, chaque jour, transmettent cette part d'eux-mêmes que d'autres leur ont également transmise. Cette part qui est la meilleure de nous-mêmes, car elle fait de nous des êtres singuliers ouverts à tous les autres humains. La pensée, délivrée de la peur de l'autorité, de l'ignorance, de l'obscurantisme, de l'illusion et de l'enfermement dans la certitude est en effet la partie la plus personnelle de nous-mêmes, parce qu'il dépend d'abord de nous de construire notre jugement. Dans une société où l'on doit penser comme les autres, sans avoir le droit de douter et de dialoguer, personne ne peut devenir soi-même.

Mais devenir un individu libre n'est possible qu'à deux conditions : un État de droit qui empêche toute communauté de confisquer à l'individu sa liberté en lui imposant une manière d'être et de penser, et une École qui prépare chaque homme à devenir citoyen par la transmission d'une culture humaniste, scientifique, artistique et philosophique.

Or, la première de ces conditions n'existe plus dans de nombreux quartiers. Professeur de philosophie à Trappes depuis vingt ans, j'ai été témoin de la progression d'une emprise communautaire toujours plus forte sur les consciences et sur les corps. L'année de mon arrivée au lycée, la synagogue de Trappes brûlait, et les familles juives étaient contraintes de partir. Après les tueries de 2015 et de 2016, je me suis engagé dans des actions de prévention, notamment par le théâtre et des rencontres avec des historiens ou des sociologues spécialistes de la manipulation. Constatant que mes efforts se heurtaient à des forces qui me dépassaient, en 2018, j'ai écrit avec Jean-Pierre Obin au président de la République pour lui demander d'agir de toute urgence afin de protéger nos élèves de la pression idéologique et sociale qui s'exerce sur eux, une pression qui les retranche peu à peu de la communauté nationale.

Malheureusement, aucune action efficace n'a été entreprise pour enrayer ce phénomène. Il y a actuellement à Trappes[1] 400 fichés S de catégorie « radicalisation » qui se promènent librement, sans compter les fichés pour terrorisme. Et nos élèves vivent dans une situation schizophrénique où le conflit de loyauté devient pour eux inextricable.

Aujourd'hui, c'est l'École et la Liberté qui sont attaquées. Pas seulement par un homme, l'assassin. Celui-ci n'est que le bras armé d'un projet mis à exécution par des milliers d'idéologues qui, comme jadis les nazis, entretiennent le sentiment victimaire pour inciter à la haine et préparer le passage à l'acte. Ces idéologues ne sont nullement des « séparatistes » : ils ne veulent pas simplement soustraire des populations au territoire national, ils veulent abattre la République et la démocratie, et leur cœur, l'École.

Leur stratégie a été théorisée après le 11 Septembre dans le livre d'Al-Souri (dont le politologue Gilles Kepel – qui vit depuis des années sous protection judiciaire – a expliqué les grandes lignes). Elle consiste, en multipliant les actes de terreur, « les mille entailles », à épuiser l'ennemi, trop puissant pour

1. Plus exactement dans le département, d'après l'ancien préfet des Yvelines, Serge Morvan.

une guerre frontale. Pour ce faire, ces idéologues se servent de la quête de la pureté religieuse, comme jadis les nazis se servaient de la quête de la pureté de la race, pour présenter ces tueries comme des actes nécessaires et nobles. L'appartenance à l'humanité apparaît alors circonscrite au seul groupe « pur », l'autre devant être éliminé. C'est en exacerbant le sentiment d'humiliation auprès de populations peu intégrées et en faisant miroiter cette pureté religieuse qu'ils poussent de jeunes paumés, souvent délinquants et coupés de la société, à haïr la France et les Français.

Parallèlement, ils neutralisent toute prise de conscience du danger en jouant sur la mauvaise conscience des « progressistes », en flirtant avec eux sous couvert de lutter contre le « racisme », l'« injustice » ou la « violence policière ». En saturant l'espace public de leurs emblèmes et de leurs pratiques, qui sont pourtant des signes de crimes contre l'humanité, à commencer par la réduction de la femme à l'esclavage, en infiltrant l'école, l'université, les grandes écoles, la sphère politique locale et nationale, en répandant partout le double discours et l'injonction à « accepter l'autre dans sa différence », ils paralysent toute volonté de répondre à ces tueries autrement que par des mots, des bougies et des fleurs. Cette guerre idéologique leur permet de conquérir une légitimité en pervertissant nos idéaux, en les vidant de leur sens. Certains occupent aujourd'hui des places importantes, à la radio, au cinéma ou au sein même de l'État. Ils parviennent à se faire passer pour des remparts au fanatisme alors qu'ils travaillent de concert avec les idéologues qui veulent détruire notre culture. On les retrouve aujourd'hui capables d'influencer des syndicats étudiants, enseignants, des confédérations de parents d'élèves soi-disant laïques, et des partis politiques qui n'hésitent même plus à relayer leur antisémitisme.

D'où, à chaque fois qu'une tuerie se produit, l'état de sidération dans l'opinion. Pourtant, ces tueries obéissent à une logique et à une progression. Elles sont rigoureusement menées selon un même mode opératoire : la tuerie aveugle, déshumanisée, le retranchement et l'affrontement final pour mourir « en martyr ». Leur progression procède par extension et intensification.

Les premières attaques ont visé les juifs, des adultes comme des enfants. (Elles furent précédées par une cinquantaine d'attaques contre des synagogues de janvier 2000 à juin 2001, qui n'ont pas été prises au sérieux, comme ici à Trappes.) La même année, l'armée a également été ciblée. Puis ce furent d'autres représentants de l'État – des policiers, et des représentants de la culture et ceux d'autres religions, la jeunesse française, et dorénavant, n'importe quel Français n'importe où sur le territoire. L'attaque contre l'École était un objectif prévisible car déclaré depuis au moins 2015.

Nous sommes au début d'une guerre par la terreur qui va se généraliser et s'amplifier, parce qu'une grande partie de nos concitoyens préfère ne pas voir que c'est notre héritage qui est menacé. Le reconnaître, ce serait alors devoir le défendre avec courage.

Ce courage, Samuel Paty l'a eu. Sans doute, parce qu'il chérissait notre héritage. Mais il n'a pas été protégé par l'institution qui a sous-estimé la menace, fidèle à la conduite d'évitement de nos représentants politiques et de la majorité de nos concitoyens.

Et l'on ne peut que s'interroger aujourd'hui sur l'avenir de notre métier. Comment enseigner les langues, les arts, les sciences et la culture générale à des enfants qui sont soumis, dès leur plus jeune âge, à la pression sociale phénoménale de ces idéologues ? Devons-nous continuer de faire comme si nos élèves n'étaient pas eux-mêmes soumis à cette pression ? Combien de temps encore pourrons-nous exercer notre métier de transmission, si l'État ne remplit pas sa mission ? Pouvons-nous, enseignants, pallier l'absence de stratégie de nos représentants pour vaincre ce fléau mortifère ?

Une rentrée particulière

Salle des professeurs. À peine suis-je entré, le proviseur m'invite à le rejoindre dans une petite salle annexe. Il me salue chaleureusement et m'annonce qu'il a fait le nécessaire auprès des services de police. Je vais être protégé.

Quelques minutes plus tard, nous voilà tous réunis pour discuter du déroulement de cette rentrée. Comment organiserons-nous l'hommage à Samuel Paty ? Quelle parole auprès des élèves ? Tous ne se sentent pas prêts à aborder en classe des questions aussi sensibles que la laïcité, la liberté d'expression, le blasphème.

Ma collègue d'histoire fait judicieusement remarquer que nous devons dissocier l'hommage républicain et la dimension pédagogique. Si nous commençons à dialoguer avec les élèves sur ces questions, n'allons-nous pas affaiblir le caractère solennel qu'il convient de marquer ?

Il est vrai que la lecture d'une lettre de Jean Jaurès, avant la minute de silence, a quelque peu brouillé le sens de ces deux démarches. Autre difficulté : cette lettre s'adresse aux enseignants, non aux élèves. Elle les invite à préparer les jeunes à la liberté, en leur montrant de leur pays, la France, « son corps et son âme », en leur parlant « des grandes choses qui intéressent la pensée et la conscience humaine ». À l'époque où les instituteurs et les professeurs étaient réellement « responsables de la patrie », ces paroles avaient un sens. Ne pourraient-elles pas prêter à sourire aujourd'hui ? Ne masquent-elles pas, en la circonstance, notre incapacité à dire simplement les choses ?

J'entre en classe le visage fermé. Les élèves me regardent d'une façon inhabituelle. Sans doute savent-ils déjà que j'ai publié une lettre dans la presse. Sans leur demander comment se sont passées leurs vacances, et sans plus de commentaire, je les informe du déroulement prévu par le ministre pour cette rentrée. Après l'appel, je lance la vidéo de la lecture de la lettre. Puis, je leur demande, au nom de la République, de se lever pour rendre hommage à Samuel Paty, assassiné par un islamiste. La minute de silence dure plus d’une minute. Un silence grave règne dans la classe.

J’annule le cours et prends congé.

Dans d’autres classes, je sais que j’aurais pu rencontrer un accueil différent.

La colère

Monsieur, pourquoi avez-vous écrit un article contre nous ?

Ce n'est pas une question, c'est une accusation. Elle ne s'est pas assise. Elle me fixe, tête raide. La voix crisse, les mots claquent. Des phrases en saccades. Bientôt, dans toute la classe, c'est une explosion de griefs.

Je dois accepter cette colère. L'accueillir. Mais ne rien concéder. Je les laisse dire. Je me tais. Je les regarde, les unes après les autres. Et je leur dis d'abord que je n'ai pas écrit un article contre elles, mais pour elles. Je leur dis que je comprends qu'elles puissent ne pas le comprendre. Que je ne peux pas leur expliquer ce que j'ai écrit, car je suis ici leur professeur, et je n'ai pas à faire de politique en classe.

« Sinon, comment pourrais-je vous enseigner la philosophie ? Si nous devons discuter de nos désaccords, je perdrais votre confiance. C'est mon droit d'avoir une vie publique de citoyen, comme c'est le vôtre. Je n'ai pas à connaître ni à juger vos opinions politiques. Ici, je ne suis pas le citoyen, mais votre professeur, comme vous êtes des élèves. Si vraiment ma lettre vous choque, je vous propose d'en discuter avec un autre professeur. Moi, je ne peux pas vous l'expliquer. Je suis là pour vous apprendre à juger, pour développer votre réflexion et non pour vous faire partager mes convictions. Maintenant, si vous le voulez bien, nous allons reprendre le cours. »

Un lacis de mauvaises rumeurs se propage et m'enserre. Des surveillants, des auxiliaires d'enseignement, relaient dans le lycée les calomnies qui circulent dans la ville et sur les réseaux sociaux.

Raciste. Islamophobe.

Serais-je déjà désigné comme une cible ?

Depuis deux jours, une voiture banalisée avec quatre policiers m'escorte sur le trajet de mon domicile au lycée, et, à mon retour, du lycée à mon domicile.

Déshumanisés

Le procès des complices des trois attentats de *Charlie Hebdo*, de Montrouge et de l'Hyper Cacher s'est ouvert. Onze prévenus répondent de complicité d'assassinat terroriste, d'association de malfaiteurs, terroristes ou non, de financement de terrorisme. Trois autres sont jugés en leur absence.

Pourquoi cette qualification des faits ? Au sens juridique, le « terrorisme » désigne des formes de violence qui, par leur caractère exceptionnel, ont pour but de diviser gouvernés et gouvernants. Les terroristes ne ciblent pas des personnes en tant que telles. Ils les tuent soit en raison de leur appartenance à un groupe social ou politique, soit de manière aveugle. Le crime a pour objectif essentiel d'intimider une population et de contraindre un gouvernement.

Le mot « terrorisme » convient donc mal pour qualifier ces trois tueries. Leur caractère monstrueux est patent ; les tueurs choisissent leurs victimes et leur font subir un traitement spécifique, déshumanisant. Il ne s'agit pas seulement de terroriser les gens ou de faire plier l'État. C'est toute la différence avec un terroriste qui fait exploser une bombe ou un avion ; celui-ci ne tue pas des êtres humains pour les exclure de l'humanité. Son acte est effroyablement inhumain, mais il ne vise pas à déshumaniser. Il tue ces personnes uniquement au regard de ses buts, et non parce qu'il considère qu'elles ne devraient pas exister.

Le tueur de l'Hyper Cacher, qui avait exécuté la veille la policière de Montrouge, Clarissa Jean-Philippe, s'est vanté, lors de son simulacre de « prise d'otages », de choisir ses victimes pour ce qu'elles sont : « Vous représentez ce que je déteste le plus », leur a-t-il dit. « Vous êtes français et vous êtes juifs. » Pour lui, un Français, un juif, doivent être éradiqués de l'humanité. Et c'est en tant que tels qu'il les tue.

Que cette distinction entre un acte terroriste et un crime contre l'humanité, le génocide, ne soit pas marquée dans nos tribunaux, pas plus que dans nos esprits, laisse songeur.

L'indifférence dont nous avons fait preuve après les tueries de l'école Ozar Hatorah en 2012, où trois enfants et un homme ont été abattus, vient sans doute du fait que nous n'avons pas voulu voir ces crimes en face et admettre leur sens particulier. Aujourd'hui, nous ne voulons toujours pas reconnaître que les assassinats commis dans l'Hyper Cacher sont de même nature que ceux perpétrés dans les chambres à gaz.

Les mouvements islamistes – Frères musulmans, salafistes, Al-Qaïda, l'État islamique, Hamas, etc. – déclarent pourtant ouvertement leur but : la poursuite de la destruction des juifs commencée par les nazis. Si nous tolérons leur présence dans notre pays, si nous acceptons leur propagande dans les mosquées, dans les librairies, sur Internet ou lors de rassemblements politiques, si nous laissons l'antisémitisme ordinaire gagner les banlieues sans nous soucier de la fuite d'une partie importante des juifs vers Israël ou les États-Unis, c'est faute de regarder le réel en face. Admettre le caractère déshumanisé de ces tueries nous obligerait à revoir notre manière de combattre, non pas le « terrorisme », mais les islamistes.

Il faut entendre le témoignage de Zarie Sibony, l'une des caissières de l'Hyper Cacher.

« J'ai entendu à ma droite une détonation, et là, à ce moment-là, c'était quand le terroriste a tué M. Braham, qui attendait justement à ma caisse. Et après, j'entends – je me le rappelle très bien – le bruit des pas lourds du terroriste qui vient, qui se met en face de moi. Je suis assise par terre. Lui, il est debout, en face de moi, avec ses armes. Il avait deux Kalachnikov, une dans chaque main. Et il m'a dit cette phrase – que je ne pourrai jamais oublier – il m'a dit : "Tu n'es pas encore morte, toi. Tu ne veux pas mourir." Et il a tiré. C'est en regardant à côté de moi et en voyant l'impact de la balle dans ma caisse que j'ai compris que, clairement, j'avais failli mourir. Après, j'ai vu que je pouvais bouger et me lever. Mais je ne comprends toujours pas, d'ailleurs, pourquoi, comment, il m'a ratée, alors que j'étais vraiment en face de lui. J'ai bien compris qu'il en avait après nous parce qu'on était juifs et français. Français, il nous l'a dit aussi, parce qu'il nous expliquait qu'on n'était peut-être pas assez au courant dc ce qui se passait en Syrie, et de toutes les horreurs que l'armée française commettait là-bas contre "ses frères et sœurs", et que nous, même s'il ne nous connaissait pas, en payant nos impôts à la France, on cotisait en quelque sorte pour ça. Et ça, c'est ce qu'il nous reprochait. Après, l'enseigne Hyper Cacher, ce n'est pas compliqué de savoir qu'il en avait aussi après nous parce qu'on était juifs. D'ailleurs, à un moment, il m'a dit une phrase qui m'a marquée. Il m'a dit : "Vous, les juifs, vous avez tort parce que vous pensez que la vie c'est le plus important, alors que c'est la mort le plus important." Il m'a dit : "Je suis venu venger le prophète Mohamed, et je suis venu pour mourir en martyr." Il me disait que son but, c'était de mourir.

À un moment, il parlait, et on entendait les gémissements de Yohan, qui était blessé, et qui a beaucoup souffert. Il s'est levé. Il s'est mis devant lui. Il a pointé son arme sur lui, et il nous a dit : "Est-ce que vous voulez que je l'achève ?" Non. D'abord, il m'a demandé comment il s'appellait. Et c'était justement la seule personne des quatre victimes que je connaissais. C'était mon collègue. Donc, je lui ai dit : "Yohan Cohen." Il a souri et je pense que… Voilà, Yohan Cohen, c'est un nom à consonance juive. Il a dit : "Vous voulez que je l'achève, parce que ses bruits me dérangent ?" À l'unanimité, on a tous dit : "Non, non. Laissez-le tranquille." Et voilà, il est resté blessé énormément de temps. Et après, je m'en suis peut-être voulu, parce que je me suis dit que, peut-être, on aurait dû mettre fin à ses souffrances, parce qu'il a, peut-être, pendant trois heures et demie, agonisé.

« Je me rappelle que, moi, je m'étais mis en tête que le but, c'était survivre, sortir d'ici vivante. Tout ce qu'il fallait faire, je le ferais. Et à un moment, quand il nous a mis tous ensemble, on n'était pas très loin de Yohan ; et Samuel, il me disait – c'est un très bon ami à lui –, il me disait : "Zarie, regarde Yohan. Il est blessé. Qu'est-ce qu'on fait ?" Et je m'en veux énormément d'avoir répondu ça, mais je lui ai dit : "Essaie de ne pas te concentrer sur lui. Ne pense pas à Yohan. Il faut penser à survivre."

Et c'est exactement ce que j'ai fait. Pendant toute la prise d'otage, j'ai essayé de ne pas faire cas de ses gémissements, des corps autour de nous, des corps que je devais enjamber à chaque fois qu'il me demandait quelque chose, pour pouvoir circuler dans le magasin, des odeurs, l'odeur, cette odeur de poudre, de fer, de sang qui a coagulé. C'était les quatre heures les plus horribles de toute ma vie[1]. »

---

1. *Ouest-France*, « Les 4 heures et 4 minutes horribles », entretien filmé de Zarie Sibony, caissière de l'Hyper Cacher, 22 septembre 2020.

L'atelier d'Omar

Mes élèves vont rencontrer au lycée l'écrivain syrien Omar Youssef Souleimane, un opposant au régime de Damas, réfugié à Paris depuis neuf ans. La directrice du théâtre Montansier m'a proposé un atelier d'écriture avec lui.

Il y a dans cette classe discrète de première Humanités, Littérature et Philosophie quelques personnalités affirmées. Nous avons commencé à étudier l'humanisme, notre héritage, qui nous fait chérir l'individu et la liberté. Je leur ai parlé des pouvoirs de la poésie et de ceux de la littérature, d'Homère et de *L'Odyssée* – ce livre singulier qui est à la fois un poème et, peut-être, le premier roman de l'histoire de la littérature. Alors, cet atelier tombe bien.

Quelques-uns étaient venus voir la pièce *Désaxé*, le 16 octobre dernier. Ils vont donc pouvoir prolonger leur réflexion et expérimenter les vertus du récit de soi. Tourner autour d'une ligne réelle ou fictive ; s'axer, se ré-axer.

L'écrivain se présente, raconte brièvement son passé et son exil. Chacun écrira un texte dans lequel il imaginera ce qu'il sera devenu dans quelques années. « Vos rêves après le bac. » Il faudra parler de soi, du lieu dans lequel on vit, de son travail, de notre lien avec les autres, de ses sentiments, de ses désirs.

Avant de quitter la salle, Omar Youssef Souleimane s'arrête devant une affiche scotchée au mur. Une affiche de calligraphie de l'Institut du monde arabe, belle et énigmatique. Elle représente l'art et la culture, ouvre sur les mystères de l'Orient. Elle est au mur de la classe depuis des années ; un professeur de langue a dû l'accrocher dans sa salle pour célébrer la langue arabe, figurer la beauté de l'écriture et de la poésie. L'écrivain la contemple ; puis, se retournant vers moi, offusqué :

« C'est une exhortation à la prière du prophète. »

Pas un professeur d'arabe, pas un collègue arabophone n'a cru bon de signaler le message qu'elle contient. Personne non plus n'a voulu savoir[1].

1. L'Institut du monde arabe – 18 millions d'euros de budget annuel, dont la moitié sert à couvrir les salaires et des frais de

Les séances d'écriture sont conduites en demi-groupe par l'écrivain et la directrice du théâtre. J'accueille l'autre partie de la classe dans ma petite salle de cinéma. Un psychologue, missionné par la préfecture, discute avec les élèves de leurs impressions sur la pièce qu'ils ont vue. Le premier groupe s'exprime sans réserve. On réfléchit sur ce qui nous détermine et ce que l'on choisit. Le deuxième groupe préfère aborder un autre sujet : l'inégalité hommes-femmes et la discrimination.

Une élève se plaint de la situation des filles, tant dans leurs familles qu'au lycée. Dans certaines classes, il est vrai, celles-ci subissent des moqueries systématiques dès qu'elles prennent la parole. La jeune fille regrette que les professeurs, depuis le collège, n'abordent que de façon très superficielle la sexualité, les maladies vénériennes, mais aussi le désir, l'amour, la maternité. Pourquoi les enseignants traitent-ils ces questions à la va-vite ? D'autres élèves relayent ses critiques. Le débat s'engage sur

bouche – ne se contente pas de publier dans ces expositions des cartes du Moyen-Orient où ne figure pas l'État d'Israël ; il fournit des affiches de calligraphie crypto-coranique pour les lycées.

le salaire des sportives. Des garçons soutiennent qu'il est normal que celles-ci soient moins payées que les hommes puisqu'elles sont moins regardées. Des filles rétorquent que, si elles le sont moins, ce n'est pas en raison d'un talent moindre mais des préjugés.

Après cette séance, le psychologue et moi décidons de monter un projet pour le lycée. Ouvrir un lieu où l'on pourrait s'instruire, mais aussi parler. Année après année, les relations entre filles et garçons se sont dégradées. Beaucoup de jeunes filles ont intériorisé l'idée que la femme doit être soumise à l'homme. Heureusement, quelques-unes résistent encore.

Les semaines passent. Les élèves ont joué le jeu. Ils n'ont pas eu peur de révéler l'intime, de dire quels seraient leurs rêves après le bac, de s'interroger sur celui ou celle qu'ils aimeraient devenir. C'est comme une ronde. Chacun choisit de lire un texte dont il n'est pas forcément l'auteur. On écoute avec émotion. Des écrits tous très différents, singuliers. Des naïfs, aux rêves modestes d'une vie sans éclat, illuminée seulement par le cœur. D'autres, plus introspectifs. Deux poèmes. Et même un récit à la veine proustienne, aux phrases sinueuses, qui anticipe le regret pour ressusciter le temps passé et qui se demande ce que signifie devenir soi.

Tous, cependant, partagent un même espoir : vivre ailleurs, au bord de la mer, loin d'ici, ou dans un pays étranger. Pourquoi rêvent-ils de quitter Trappes et la France ?

Moi-même

Je commence à m'interroger sur ma situation. J'ai demandé à m'entretenir avec les responsables de la sécurité du rectorat pour leur dire mes craintes. Le risque ne peut que s'amplifier si je prends la parole dans la presse pour dénoncer les progrès de l'islamisme. Combien de temps cette position sera-t-elle tenable ? Quelle solution le rectorat peut-il envisager pour mon avenir ?

Malgré la chape de plomb qui pèse sur le débat public après l'assassinat de Samuel Paty, ma lettre dans *L'Obs* n'est pas passée complètement inaperçue. Un journaliste de Radio Canada est venu m'interviewer[1]. D'autres journaux et des universitaires engagés m'ont sollicité. L'occasion de reprendre la

---

1. « La France perdue de Fatima », Yanik Dumont Baron, Radio Canada, 8 décembre 2020.

parole se présentera bientôt. Un article dans *Causeur* ?

L'escorte policière qui m'accompagne chaque jour au lycée me rassure. Mais j'ai conscience aussi de ses limites.

Fin novembre, de temps à autre, elle commence à faire défaut. Je dois m'engouffrer seul dans l'impasse au bout de laquelle se trouve le portail du parking. Cinquante mètres avant l'entrée, je marque un temps d'arrêt à l'angle de la rue. Je vérifie qu'aucun véhicule suspect ne m'attend. L'œil rivé sur mon rétroviseur, j'avance. L'intendant m'a donné un nouveau bip pour éviter de descendre de ma voiture. Une place m'est réservée dans le parking souterrain de l'administration.

Quand je viens au lycée, je me prépare intérieurement.

Pourquoi rester ? Sans doute, en partie, parce que je me suis attaché à ces jeunes qui n'ont pas été, comme d'autres, gâtés par le consumérisme. Leur candeur me touche. Les amener à découvrir le pouvoir de leur esprit, s'ouvrir à la pensée et dialoguer est, pour eux comme pour moi, gratifiant. J'essaie de leur donner confiance pour leur transmettre, pas à pas, la maîtrise de la dissertation.

J'aurais pu aussi bien prendre un autre chemin si les circonstances avaient été différentes. Mais partir aurait été une sorte de renoncement, voire un reniement. Chaque année, je me bats pour que ces jeunes deviennent des Français comme les autres. Pas question de plier devant l'épreuve.

NOS TV

Les événements m'entraînent plus vite que je ne l'avais prévu.

23 décembre. Interview pour la télévision néerlandaise. La journaliste me parle des séquences qu'elle a tournées à Trappes. Des habitants mais aussi le nouveau maire de Trappes m'ont violemment critiqué après ma *Lettre aux enseignants*. Elle se demande si ce dernier s'est rendu compte qu'il était enregistré.

22 janvier. Diffusion sur la chaîne néerlandaise du reportage au Pays-Bas, « La banlieue parisienne regarde avec suspicion la nouvelle loi contre l'islamisme radical. »

26 janvier. Un officier des Renseignements territoriaux me fixe un rendez-vous en fin d'après-midi. Une heure plus tard, il me rappelle. Je suis convoqué à la police judiciaire. Mon chef d'établissement doit m'accompagner.

16 h 30. Audition dans le bureau de la police criminelle. Un commissaire de police m'informe que l'avocat de la chaîne néerlandaise a transmis des propos inquiétants tenus par deux femmes interrogées dans ce reportage. Une information judiciaire pour « menace sur une personne chargée de mission de service public » a été ouverte par le procureur de la République.

20 heures. Fin de l'audition. J'appelle la journaliste et lui demande de compléter les informations données par son avocat afin de faciliter l'enquête. Refus de sa part. Elle me dit avoir interdiction de transmettre le nom des personnes qui se sont adressées à elle après la diffusion du reportage.

27 janvier. 6 h 57. La journaliste me confirme les éléments suivants.

1) Fin décembre, une femme que je connais, très active dans le milieu associatif de la ville, lui a dit lors d'un échange téléphonique : « Si Didier Lemaire ne cesse pas de parler de l'islam et de Trappes, il sera le deuxième Samuel Paty. »

2) Après la diffusion du reportage, lors d'appels répétés et par des messages écrits, deux femmes ont pris à partie la journaliste. Elles lui ont reproché un reportage à charge. Scandalisées qu'elle m'ait donné la parole, elles m'ont traité de « raciste » et d'« islamophobe ». La journaliste craint que ces femmes entretiennent dans la ville un climat de colère qui pourrait être dangereux pour moi. D'autant que le maire de Trappes, lors de son interview, n'a pas

mâché ses mots contre moi. (Ses propos enregistrés n'ont pas été diffusés.)

3) Inquiet pour ma sécurité, le directeur de NOS TV a annulé la rediffusion du reportage et suspendu sa vente à une chaîne belge.

Aucune menace de mort n'a été prononcée. Juridiquement, les paroles de ces femmes et du maire de Trappes relèvent de l'opinion. Pourtant, de telles accusations, si elles ont un caractère public, désignent, de façon intentionnelle ou non, une cible à des assassins.

Les individus qui ont organisé la campagne de calomnies contre Samuel Paty, le père de la collégienne et le militant islamiste, n'ont pas agi autrement. Alors qu'ils n'ont jamais directement menacé de mort le professeur, ils ont été tous deux mis en examen pour « complicité d'assassinat terroriste ».

Dorénavant, il suffit de traiter publiquement un enseignant de raciste et d'islamophobe pour menacer sa vie. La France a glissé dans une situation extrêmement préoccupante. Mais elle ne veut toujours pas le voir.

28 janvier. J'assure mes cours au lycée. Je ne peux pas ignorer le risque que j'encours. La veille, j'ai reçu un message d'une amie qui exerce de hautes responsabilités dans l'administration.

Je te demande de ne pas aller au lycée, sauf sous protection policière jusque dans ta salle. Si tu n'as pas cette protection, je crois vraiment raisonnable de ne pas aller à Trappes, et même d'être prudent près de chez toi.

Les jours suivants, un important dispositif policier est mis en place autour du lycée.

Se victimiser

Qu'avais-je pu dire dans ce reportage de NOS TV pour exciter la colère de ces gens qui me connaissent ? J'avais constaté que le salafisme gagnait du terrain à Trappes, que la situation des élèves devenait schizophrénique, prise entre une pratique religieuse identitaire et l'expérience de la liberté au lycée. J'avais lu la fin de ma lettre, le passage où je me demande combien de temps il sera encore possible d'enseigner face à la progression de l'islamisme. J'avais également évoqué la colère d'une de mes classes après la publication de cette lettre, et affirmé mon refus de céder à la peur. En quoi ces paroles manifestent-elles du racisme ?

Une militante associative, première personne interrogée dans le reportage, relativise l'emprise islamiste dans la ville :

« Il y a plusieurs mouvements sectaires, comme dans toutes les villes, à Trappes. »

Et d'ajouter cette explication :

« C'est vraiment une question de détresse. Les jeunes sont peut-être plus abandonnés à Trappes, et les personnes qui sont dans les mouvements sectaires ont trouvé plus de facilité à les atteindre, car il y a plus de détresse. »

Un raisonnement qui repose sur plusieurs contre-vérités. Est-il vrai que les « mouvements sectaires » existent dans toutes les villes ? Les pauvres y sont-ils plus sensibles que les riches ? Le GIA, le Tabligh, le salafisme, les Frères musulmans, sont-ils des sectes ?

Le maire de Trappes, Ali Rabeh, avance le même genre d'explication :

« À partir du moment où la République déserte le terrain, laisse un espace vacant derrière elle, forcément, il y a des forces qui s'organisent, qui l'occupent. »

Et de renvoyer la faute à la France :

« Tous ceux qui ont une logique séparatiste, qui souhaitent diviser la société en deux, se sont engouffrés dans l'espace vacant laissé par la République. Quand l'école n'est pas à la hauteur, quand la police nationale est absente, quand les municipalités ne sont pas à la hauteur, il faut bien s'occuper de la population. »

D'après lui, donc, « ceux qui ont une logique séparatiste » n'ont adopté cette logique qu'en réaction à une République qui déserte. Une République qui n'assurerait pas une école « à la hauteur ». Pourtant, la ville compte un excellent ratio d'écoles par habitant : 42 établissements scolaires publics (21 écoles maternelles, 15 écoles primaires, 3 collèges, 2 lycées professionnels, 1 lycée général et technologique). Une République qui ne fournirait pas de policiers. Pourtant, la ville, classée en 2018 « Quartier de reconquête républicaine », a augmenté ses effectifs de 15 fonctionnaires supplémentaires. Une République dont les municipalités ne seraient pas non plus « à la hauteur ». Pourtant, 340 millions ont été dépensés en rénovation urbaine sous le mandat du précédent maire.

Ce type de victimisation, qui retourne l'accusation contre la France, fait toujours mouche auprès des esprits faibles. On dirait du Tariq Ramadan édulcoré.

Pour le prédicateur frériste, les Français ont semé l'exclusion sociale et les discriminations : ils récoltent les attentats. La France n'a que la haine qu'elle mérite. Tandis que, pour le maire de Trappes, « ceux qui ont une logique séparatiste » – parle-t-il des jeunes partis faire le jihad en Syrie, ou de ceux qui ont participé à des tueries en France ? – viennent tout bonnement au secours des pauvres habitants délaissés par la République ; car « il faut bien s'occuper de la population ».

Se victimiser et retourner l'accusation : un trope classique de la rhétorique fériste.

Que faire ?

Comment continuer ?

Depuis le 16 octobre dernier, au moins trois enseignants ont été directement menacés de mort par des islamistes. À Lyon, à Nîmes et à Pau. En dépit des condamnations de quelques imams, le silence des musulmans en France en dit long. À Trappes, dans mon lycée, une seule voix de parents d'élèves s'est fait entendre pour exprimer sa tristesse et sa solidarité avec les enseignants.

Parue début janvier, une enquête de l'IFOP a révélé que la pression islamiste qui s'exerce sur l'école est telle qu'un enseignant sur deux s'autocensure. Le pas-de-vaguisme s'invite jusque dans les classes.

Depuis quelques mois, les attaques jihadistes ne nécessitent plus ni plan, ni logistique, ni coopération. Elles sont devenues imprévisibles et quasi indétectables. La menace à laquelle je suis désormais exposé me paraît donc d'autant plus inquiétante qu'elle est impossible à évaluer.

Que faire ?

Des membres du Conseil des sages de la laïcité me contactent. L'un d'eux me suggère de m'adresser à la presse et me donne les coordonnées d'une journaliste. C'est aussi l'avis de Laurence Taillade, fondatrice du Parti républicain solidariste que j'ai rejoint un mois auparavant. Son conseil est précieux. Elle connaît bien le monde politique et les médias. Il faut donc alerter. Sur la situation à Trappes, et sur mon cas. On ne peut pas compter sur ce gouvernement pour agir.

Je prends contact avec la journaliste proposée par l'un des sages, ainsi que d'autres journalistes. Un premier article paraît dans *Le Point* le 5 février 2021 : « Un professeur, cible de menaces, placé sous protection. » Il est signé Nadjet Cherigui. Puis, dans *L'Express* paraît le lendemain un article sur les enseignants qui s'ouvre sur Trappes : « Sentiment d'insécurité, autocensure… Les profs tiennent mais tremblent. » Le 7 février, Stéphane Kovacs, du *Figaro*, publie « À Trappes, un enseignant lanceur d'alerte sur la menace islamiste de nouveau menacé. »

La tempête éclate.

La préfecture

4 février. 15 h 50. Rendez-vous à la préfecture de Versailles. Lors des ateliers de la sociologue sur le complotisme, des responsables de ces actions de prévention sont venus rendre visite à mes classes. On m'a fait part du souhait du préfet de me recevoir. Allait-on me proposer de quitter le lycée ? Envisager des solutions pour me protéger ?

Dans ce palais néo-XVIIIe siècle richement meublé, je suis accueilli par le directeur de cabinet, un homme jeune et avenant. Autour de la grande table, la cheffe du bureau de prévention à la radicalisation, un officier du renseignement et de la sécurité, une énarque en stage, et le directeur de cabinet. Le préfet est en déplacement.

Pendant une heure, les questions roulent sur la situation à Trappes et dans mes classes. On s'informe de mon « ressenti ». Je raconte, j'explique, je donne mon point de vue. Je me demande à quoi sert cette réunion. S'agit-il réellement d'échanger des informations ? La préfecture ignore-t-elle la situation ? Je préviens tout de même de mon intention de ne pas attendre les bras croisés.

Au bout d'une heure, on me signifie qu'une autre réunion doit suivre. Je me lève, je prends mes affaires et salue.

Quel était le sens de cette aimable conversation ?

Trois articles

Le 5 février, le rectorat ne voit toujours pas le danger. Le ministre de l'Éducation nationale non plus. Cette situation doit être on ne peut plus normale.

Le réel fait soudainement irruption. L'article de Nadjet Cherigui dans *Le Point* paraît. « Depuis novembre, Didier Lemaire, prof de philo, se rend à son travail sous escorte policière. Comme Samuel Paty, il a défendu les principes républicains. » La journaliste détaille comment, après vingt années d'un engagement sans faille, je suis contraint de me rendre au lycée sous escorte policière armée. Elle dit que je n'attends rien d'autre que mon exfiltration de cet établissement et de cette ville où je ne suis plus en sécurité, que je ne veux pas quitter ma salle de classe de Trappes sans tirer encore une fois la sonnette d'alarme, sans dire que la ville est tombée aux mains des islamistes. Elle dit que je reconnais la défaite de mon combat républicain, mais que je n'ai pas pour autant l'intention de baisser les armes, et que, confronté à l'âpre réalité des territoires de la République que l'on dit perdus, je défends l'idée d'une réponse politique forte, mais surtout urgente.

En plein examen à l'Assemblée nationale du projet de loi sur les « séparatismes » – gascons, peut-être ? –, rebaptisé projet de loi « confortant le respect des principes républicains », censé lutter, aux dires de la ministre déléguée Marlène Schiappa, notamment contre l'islam politique, cette nouvelle arrive à point. Elle risque de rendre les débats difficiles, voire de faire éclater au grand jour la faiblesse de la réponse du gouvernement face à la guerre des islamistes contre la France.

Comment en est-on arrivé là, à devoir protéger un professeur de philosophie qui se rend à son travail ? N'est-ce pas la preuve incontestable de l'inefficacité de la politique menée depuis quatre ans ? Après l'assassinat de Samuel Paty, et les hommages dénués de toute portée politique – et qui honorent surtout ceux qui les organisent –, cet article enfonce le clou du réel face au déni. Un prof vivant qui parle est plus gênant qu'un prof mort.

Le lendemain, *L'Express* dresse un constat bien sombre de la situation des enseignants face à cette poussée islamiste. L'article d'Amandine Hirou commence par une citation du début de ma lettre : « Chers collègues enseignants, un professeur, notre collègue, est mort du seul fait d'avoir enseigné les principes qui fondent notre république et notre histoire : la liberté de penser et son corollaire, la liberté d'expression. » La journaliste explique que je dénonce depuis plusieurs années cette pression contre l'école et que, en rédigeant cette lettre, je savais parfaitement à quoi je m'exposais. Elle détaille ensuite les incidents qui ont émaillé, partout en France, l'hommage rendu à Samuel Paty.

Selon une représentante de la toute jeune association d'enseignants, Vigilance Collèges Lycées, une violente bataille idéologique couve dans les salles des professeurs contre les rares enseignants qui défendent la laïcité, accusés par leurs collègues – comme le fut d'ailleurs Samuel Paty – de stigmatiser les élèves. L'article ne dit pas comment l'institution, dans ce contexte, compte surmonter les difficultés croissantes à traiter certains sujets des programmes scolaires.

Stéphane Kovacs publie le lendemain dans *Le Figaro*, un article qui pourrait avoir été écrit par une romancière. « C'est l'histoire d'un lanceur d'alerte qui s'époumone depuis des années. » Elle rappelle la conclusion de ma lettre – « Pouvons-nous, enseignants, pallier l'absence de stratégie de l'État pour vaincre l'islamisme ? » – et les différentes étapes qui m'ont conduit à attendre mon exfiltration de l'Éducation nationale.

La préfecture, qui affirme que « Trappes est une commune que l'on suit de très près », indique qu'elle a remis en place « un dispositif assez lourd autour du professeur ». Le rectorat, de son côté, dit prendre la situation « très au sérieux », et laisser au professeur « la possibilité, s'il le souhaite, d'envisager un changement d'établissement ». Quant à la mairie, celle-ci n'a pas donné suite aux sollicitations de la journaliste.

Un entretien au rectorat

Le rectorat me propose de quitter le lycée de la Plaine-de-Neauphle pour assurer une suppléance dans un autre établissement. Je refuse. Je ne vais quand même pas leur faire ce cadeau. Mettre la poussière sous le tapis, quelle idée novatrice ! D'autant que, compte tenu de mon exposition, je ne vois pas très bien en quoi cela garantirait mieux ma sécurité. Qui, d'ailleurs, dans l'administration, pourrait s'en porter garant ?

« Nous avons beaucoup appris de Samuel Paty », me disent-ils. Une parole qui n'est pas pour me rassurer. Car, à lire le rapport de l'inspection générale, il est permis d'en douter : « La reconstitution du déroulement des faits tend à montrer que, tant au niveau de l'établissement qu'aux niveaux départemental et académique, les dispositions ont été prises avec réactivité pour gérer le trouble initialement suscité par le cours sur la liberté d'expression de Samuel Paty. »

Finalement, c'est la faute à personne. Ou s'il devait y avoir une once de responsabilité, il faudrait se tourner vers une autre administration. Pas l'Éducation nationale, les Renseignements territoriaux. Le procédé n'est guère élégant.

Or, que disent les Renseignements ? « Que M. Sefrioui n'est pas un imam, qu'il n'a pas une écoute importante auprès de la communauté musulmane, que les associations musulmanes du secteur n'ont pas relayé son message, et que M. Chnina, quant à lui, semble peu suivi par les parents d'élèves. » L'exacte vérité.

Alors, n'est-ce pas, en réalité, l'absence d'analyse politique, l'aveuglement sur la progression de la haine anti-française, qui a conduit l'institution scolaire à ne pas se soucier de la sécurité de l'enseignant ? Peut-être aurait-il fallu que le jihadiste publie une semaine à l'avance sur les réseaux sociaux le nom de sa cible ?

« Il y a eu une bonne réactivité et des réflexes professionnels, de la part de Samuel Paty, de la principale du collège et des différents acteurs dont les équipes Valeurs de la République de l'académie de Versailles. Le soutien de l'institution au professeur semble avoir été total », se défend le ministre de l'Éducation nationale, Jean-Michel Blanquer, dans un élan lyrique de satisfecit.

La faute à pas de chance, sans doute ? Au tragique de l'Histoire[1] ?

Pas question, donc, de remettre ma vie entre les mains d'une institution où personne n'est responsable. Je ne compte pas jouer les martyrs.

Bien au contraire, je vais faire tout mon possible pour casser cette chape de plomb qui empêche d'avoir un débat politique digne de ce nom.

---

1. Pour se faire une idée précise du « soutien de l'institution » : David di Nota, *J'ai exécuté un chien de l'enfer*, *op. cit.*

La tempête

Dimanche 7 février. « Brunch de l'actu », sur LCI. Ma première invitation sur un plateau de télévision. Je ne connais rien à ce monde. Je n'ai pas de téléviseur. Ce n'est pas du tout dans ma nature de me mettre sous les projecteurs.

J'essaie d'expliquer posément le recul de la République à Trappes, les menaces après ma lettre et, plus encore, après le reportage de la télévision néerlandaise. J'évoque les prises de position du maire contre moi, ces attaques, qui mettent ma vie en danger. Je déclare enfin refuser de quitter ce lycée pour un autre. Rappelant qu'un enseignant sur deux s'autocensure, et que beaucoup vivent dans la peur, j'appelle mes collègues à s'exprimer à leur tour :

« Tous les enseignants qui vivent une situation comme la mienne devraient prendre la parole et dire ce qui se passe en France. »

Aussitôt, c'est une déflagration. De nombreuses radios et télévisions me contactent. La presse écrite me sollicite. Je reçois tant d'appels et de messages que je n'ai pas le temps de tous les lire. Le lendemain, me voilà à CNews, Sud Radio, puis BFM.

8 février, 7 h 45. RMC, « Apolline Matin », puis retour à Trappes en taxi moto pour reprendre ma voiture. Une équipe de télévision me suit. Devant le portail du lycée, des policiers lourdement armés. 11 heures. Convocation au rectorat. On me demande de préciser les menaces dont je fais l'objet. Une nouvelle fois, avec toute la bienveillance dont l'institution peut faire preuve, on me demande si je ne voudrais pas aller enseigner dans un autre lycée pendant un certain temps, avant de revenir, si je le souhaite, à Trappes. Je refuse obstinément.

À la fin de l'entretien, on m'annonce que ma reprise de poste est différée, le temps que la préfecture organise de nouvelles mesures de protection au lycée.

Sorti du rectorat, je retrouve Nadjet Cherigui du *Point*. Nous partons avec son photographe à Trappes pour un reportage. Des médias font le siège du lycée. Impossible de descendre de la voiture sans être assaillis. Nous nous replions dans le quartier des Merisiers pour faire une photographie devant le commissariat. Une poignée de minutes plus tard, la journaliste décide de quitter les lieux. Elle juge les regards trop menaçants.

Le soir, mon proviseur me demande, en raison de la pression médiatique et du trouble que ma présence pourrait engendrer, de me mettre en retrait jusqu'à la fin de la semaine, dans l'espoir que les vacances qui viennent suffiront à faire retomber l'effervescence provoquée par mes déclarations.

Mardi 9. Pluie de messages de soutien, venant de toute part – notamment d'intellectuels, de quelques responsables politiques, à deux exceptions près, tous de droite. Des députés, des sénateurs. La présidente du Conseil régional d'Île-de-France, Valérie Pécresse, a été la première, dès la parution de l'article du *Point*.

Retour dans les bureaux de la PJ à Versailles, pour faire le point.

Rendez-vous au ministère de l'Éducation nationale, rue de Grenelle, en fin de journée. Deux conseillers du ministre me reçoivent. M. Blanquer ne se déplacera pas. Il s'agit de me « témoigner le soutien moral du ministre dans un moment difficile ». Le conseiller veut m'assurer de l'attention qu'on me portera par la suite, que je poursuive mon activité d'enseignant ou que je me dirige vers autre chose. Car on s'engage à me faciliter une reconversion…

« Je ne peux pas vous dire mieux, me lance-t-il. Avez-vous l'intention de vous présenter à des élections ? »

Je suis surpris. Tout est si brutal. Difficile pour moi de saisir le sens de cet entretien. S'agit-il vraiment d'un soutien moral ?

Le match de Trappes

Le nouveau maire de Trappes se trouve en grande difficulté. Il a conquis de justesse la mairie alors qu'il faisait partie de l'ancienne équipe du maire, M. Malandin, et se présentait contre lui. Élu avec seulement 3,2 % de voix de plus qu'Othman Nasrou, soit 161 voix d'écart, il a pris possession de son nouveau fauteuil le 3 juillet.

Or, trois jours avant la publication dans *Le Point* de l'article de Najet Cherigui, le tribunal administratif a annulé les élections municipales et fait suite au recours déposé par la liste d'opposition d'Othman Nasrou (Libres). Le tribunal a également déclaré Ali Rabeh (Génération.s) inéligible pendant un an, et a annulé son élection en tant que conseiller municipal. La Commission nationale des comptes de campagne et des financements politiques a reproché à l'élu d'avoir utilisé l'association Cœurs de Trappes, dont il est le président, à « des fins de propagande et de promotion personnelle ». Une tricherie qui aurait eu pour effet « d'altérer la sincérité du scrutin et le résultat des élections ».

En attendant la décision du Conseil d'État, devant lequel il a déposé un recours, le maire poursuit son mandat. Il se prépare à contre-attaquer en cas de confirmation de sa condamnation par le Conseil. Après mes interventions à la télévision, l'occasion est trop belle de profiter des projecteurs sur Trappes pour se draper dans le rôle du sauveur d'une ville injustement « stigmatisée ».

Le match du maire contre Lemaire commence…

Le maire défend l'honorabilité de sa commune. Lemaire salit l'image de la ville. Le maire défend ses administrés. Lemaire « stigmatise » les habitants de Trappes. C'est cette histoire qu'Ali Rabeh va raconter pendant quelques semaines sur tous les plateaux de télévision.

Dès mon passage à LCI, le 7 février, lors duquel je mets en cause sa responsabilité d'élu, il me menace de procès en diffamation, fait pression sur la chaîne néerlandaise pour obtenir un démenti concernant la teneur de ses propos enregistrés par la journaliste, et tente de me discréditer. Aux dires de son avocat, Me Pascal Cherki, les menaces dont je ferais l'objet seraient purement imaginaires. J'aurais « livré des considérations sur la ville de Trappes » dans les médias « complètement fausses ».

« On se trouve face à quelqu'un qui ne va pas parler des difficultés de son métier d'enseigner [...], mais qui vient livrer des considérations philosophico-politiques sur une ville qui ne correspondent pas à la réalité. »

Les menaces de mort, la synagogue, l'exode des juifs de la ville, les coiffeurs non mixtes, les enfants qui refusent de chanter, tout cela serait pure invention.

« Cette personne a un rapport un peu, parfois, délirant avec la réalité. Je dis délirant, au sens clinique, avec la réalité. »

Les jours suivants, le maire trouve dans la presse dite de gauche de solides relais. « À Trappes, incompréhension après les propos d'un enseignant qui dit vivre dans la peur », titre *Le Monde*. Il ne manque pas de journalistes dans les services publics ou la presse pour tenter de me faire passer pour un « mythomane ».

Après ces mises en cause, l'hypothèse d'une « opération de déstabilisation de Trappes et de tous les Trappistes » est avancée. Je serais un « homme manipulé par [ses] adversaires politiques qui n'ont pas digéré leur défaite aux municipales... » À lire un article du journal en ligne qui, après la tuerie de

Charlie Hebdo, a organisé une aimable causerie avec l'idéologue islamiste Tariq Ramadan, le complot juif n'est pas loin.

Plus inattendu, et cocasse, compte tenu de la sensibilité politique du haut fonctionnaire, le soutien public apporté par le préfet des Yvelines, Jean-Jacques Brot, à l'édile de Génération.s. Vantant le travail de ce dernier à la tête de la municipalité, il raille mes « outrances » et m'accuse de « mettre de l'huile sur le feu » :

« Trappes est un terrain difficile et délicat, nous faisons dans la dentelle [...] et voilà que M. Lemaire arrive avec un bulldozer et saccage nos efforts. » « Ce soir, je veux dire mon soutien au maire de Trappes, Ali Rabeh. Élu de terrain, c'est bien lui qui est au chevet de la République du matin au soir. »

Plus insidieusement, il instille le doute concernant la réalité des menaces qui m'ont valu d'être protégé, expliquant n'avoir mis en place que des patrouilles policières aléatoires devant le lycée et à mon domicile. Jamais, dans l'histoire de notre République, un préfet, tenu au devoir de réserve, ne s'était permis une telle intrusion dans le champ de la polémique politique.

Le lendemain, le 10 février, dans un communiqué de presse, demandé par le ministre de l'Intérieur, selon *L'Express*, il est contraint de revenir sur ses propos. Il ne sera pourtant pas démis de ses fonctions.

Ces tentatives pour me salir et discréditer ma parole inquiètent mes proches. L'omniprésence du maire sur les plateaux de télévision, la multiplication des articles à charge, les prises de position des représentants des partis de gauche en faveur du maire, de LFI, d'Europe Écologie Les Verts, du PS et un soutien mitigé à droite – j'apprendrai en mars d'un sénateur que le président du Sénat aurait déconseillé de me soutenir – risquent de ruiner mes efforts.

Dans une salle de rédaction, c'est la stupeur après les déclarations du préfet. Les journalistes craignent que je ne sois balayé par cette tornade. À vrai dire, si ces attaques, des plus frontales aux plus perfides, semblent me fragiliser, elles révèlent surtout la ligne de partage qui traverse notre pays, entre ceux qui veulent ignorer la menace islamiste et ceux, beaucoup plus nombreux, qui attendent qu'une voix s'élève pour la combattre.

Je sais que les politiques vont me soutenir.

Les Français, de toute façon, en ont assez des fleurs, des bougies, des médailles aux victimes et des paroles à la gloire des vaillants serviteurs de l'État qui se font assassiner.

Soutiens politiques

À gauche, les derniers masques tombent. Seules quelques voix se font entendre pour me défendre. Celle de Gilles Clavreul, dans une tribune de *L'Express*, et avec lui, celle du Printemps républicain. Celles du président du Parti des radicaux de gauche et de l'ancien Premier ministre, Manuel Valls qui, dans un tweet, déclare le 10 février :

Tout mon soutien à Didier Lemaire, professeur de Trappes. Bcp cherchent à décrédibiliser sa parole qui décrit une réalité terrible. En 2004, un doc édifiant dans «Envoyé spécial», ou en 2018 le livre La Communauté *donnaient déjà l'ampleur de ce qui se passait à Trappes.*

À droite, le vice-président du Conseil régional d'Île-de-France, Patrick Karam, ne se contente pas d'afficher son soutien. Il affronte, lors d'un débat sur la chaîne BFM, le maire de Trappes. Un maire qui opère toujours selon un même mode : séduction, victimisation, agression. Une façon de fragiliser ses adversaires avant de les sonner par ses accusations. Sur le plateau, le maire, applique cette stratégie au journaliste, mais butte contre Patrick Karam.

En réponse aux accusations du maire à mon encontre, les paroles du vice-président du Conseil régional d'Île-de-France sont fortes : « Nous avons l'exemple type du double discours. Vous avez en quelques secondes décrédibilisé cet enseignant. Il fait partie de ce que la République compte d'honneur. Ce sont ces traditions de la République qui ont créé ces enseignants qui, dès le XIXe se sont battus pour défendre les valeurs de la République [...], faire aimer la France aux Français, aux petits Français. Et vous, vous le traitez de militant politique. Vous remettez en question sa parole, vous remettez en question ses analyses. Ce que vous venez de faire, c'est de mettre une cible dans le dos de cet enseignant en racontant n'importe quoi. Je viens d'entendre que vous avez dit qu'il dit n'importe quoi sur Trappes, qu'il ne décrivait pas la réalité [...]. Je vous signale qu'il est enseignant depuis des années et des années, et qu'il reste, et qu'il ne veut pas partir, parce que, justement, il aime son métier, il aime Trappes. Parce qu'il considère que tous les Français, quelles que soient leurs origines, quelles que soient leur religion, ont droit à la même éducation. »

Hors de lui, le maire de Trappes tente d'empêcher le vice-président du Conseil régional d'Île-de-France de parler. Il l'invective, menace de quitter le plateau, attaque le journaliste. Patrick Karam répond en dénonçant « la petite musique en direction de son électorat », et poursuit, imperturbable : « Je vous demande de vous excuser auprès de cet enseignant. Vous venez de le traiter de menteur devant toute la France. Je demande que vous vous excusiez devant tous les enseignants, qui risquent aujourd'hui leur peau parce qu'ils défendent les valeurs de la République. »

L'édile

11 février. 8 heures. Lycée de la Plaine-de-Neauphle. Le maire de Trappes, accompagné d'élus, pénètre dans l'enceinte du lycée. Le proviseur, la veille, a pourtant averti. Aucun tract ne doit être distribué à l'intérieur de l'établissement. Le maire n'en a cure. Il a décidé de distribuer une lettre aux lycéens pour les soutenir dans cette période difficile contre « le professeur de l'établissement au cœur de la polémique » : « Je n'accepte pas les propos violents tenus contre vous et les Trappistes, qui condamnent par avance, qui relèguent, qui excluent. C'est insupportable, car c'est injuste et cela ne correspond pas à la réalité. » « Ne laissez jamais dire que vous ne valez rien et que vous êtes perdus pour la République », poursuit le maire, avant de conclure par ces mots du rappeur – converti à l'islam, qui ne serre pas la main aux

femmes – Kery James : « Nous sommes banlieusards et fiers de l'être. »

Le maire de Trappes n'a pas les codes, pourrait-on penser. Petit rappel : le code pénal punit d'un an de prison et 7 500 euros d'amende le fait de s'introduire dans un établissement scolaire sans y être habilité ou y avoir été autorisé, dans le but de troubler la tranquillité ou le bon ordre de l'établissement (article 431-22).

Non seulement l'attaque est basse – dénigrer les élèves, gâcher leur avenir et celui de la ville –, mais elle est sournoise. Car comment faire pour ne plus jamais laisser dire que l'on ne vaut rien ?

10 heures. Excédés, les enseignants se réunissent en conférence plénière et rédigent une lettre qu'ils adressent au proviseur et au directeur académique des services de l'Éducation nationale.

« Les professeurs de la Plaine-de-Neauphle travaillent dans un environnement de plus en plus complexe : la crise sanitaire de ces derniers mois n'a fait qu'ajouter aux difficultés existantes. L'assassinat de Samuel Paty a exercé une pression supplémentaire en mettant au jour le positionnement de certains élèves, notamment dans le rapport ambivalent qui se noue entre leur foi, la loi et la liberté d'expression. Dès le mois de novembre, nous nous sommes engagés collectivement dans une réflexion suivie d'actions à court et moyen termes pour mieux expliciter encore, au sein de notre établissement, les valeurs de la République. Notre collègue Didier Lemaire s'est exposé à titre personnel pour défendre nos élèves contre l'emprise du radicalisme, emprise dont nous percevons régulièrement les échos. La sincérité de son engagement ne fait aucun doute pour nous qui avons travaillé avec lui au quotidien.

Qu'est-ce qu'un lycée, si ce n'est un lieu protégé d'apprentissage et de transmission, au sein duquel les échos de la société ne doivent parvenir qu'au travers du filtre de la raison et de l'analyse ? La récupération politique actuelle dont notre lycée fait l'objet est profondément insupportable et doit immédiatement cesser. L'utilisation d'un lieu d'éducation à des fins politiques va exactement à l'encontre de ses objectifs, à savoir permettre aux élèves de devenir des citoyens libres, maîtres de leur destin. Les interventions politiques ne font qu'exacerber les tensions : ceux de nos élèves qui ont une vision apaisée d'un islam républicain se trouvent mis sous pression ; ceux qui trouvent dans la situation actuelle un avantage tirent les fruits d'une situation qui favorise leurs visées et les met en position de force.

Notre mission consiste à amener nos élèves à la réussite et, pour cela, nous avons besoin de temps, un temps qui n'est ni celui de la politique, ni celui des médias.

Nous vous demandons donc d'user de votre influence pour faire cesser les intrusions d'élus et le harcèlement médiatique dont nous faisons l'objet, afin de nous laisser accomplir notre travail en paix. Notre communauté éducative, par son expertise, est la mieux placée tant pour analyser les problèmes qui se posent que pour trouver les moyens de les résoudre.

Nous n'avons pas attendu le battage médiatique de ces derniers jours pour engager une réflexion de fond sur notre lycée, nos pratiques, et le meilleur moyen d'atteindre nos objectifs. Aussi serons-nous heureux que ces initiatives et propositions fassent l'objet du même intérêt médiatique lorsque nous pourrons vous les présenter.

Merci de nous laisser les moyens de faire notre travail.

Nous vous prions de croire à la sincérité de notre engagement.

Les professeurs du lycée de
la Plaine-de-Neauphle. »

De son côté, le ministre de l'Éducation nationale, Jean-Michel Blanquer, n'a pas de mots assez durs pour réprouver l'édile, n'est-ce pas ?...

« Jean-Michel Blanquer condamne fermement cette intrusion dans un établissement scolaire et apporte son complet soutien à la communauté éducative choquée par cet acte. Il rappelle que les personnels et les élèves d'un établissement ne sauraient être utilisés à des fins de politique locale. Il réitère à M. Lemaire l'assurance de la protection de l'institution face à toute menace dont il peut être l'objet du fait de sa dénonciation des menées de l'islamisme politique.

Il remercie les professeurs pour le travail qu'ils accomplissent au quotidien et demande, comme ils l'ont exprimé dans un communiqué aujourd'hui, qu'on laisse l'établissement accomplir sa mission dans le calme, au service de la transmission des savoirs et des valeurs de la République.

L'académie de Versailles a pris contact avec le maire de Trappes pour lui signifier sa désapprobation.

L'École doit rester à l'abri des pressions religieuses ainsi que des pressions politiques.

La neutralité politique et religieuse est au cœur du fonctionnement de l'École de la République. Comme le disait Jean Zay : "Les écoles doivent rester l'asile inviolable où les querelles des hommes ne pénètrent pas."

Jean-Michel Blanquer sera garant de cette neutralité. »

La citation de Jean Zay est un cinglant avertissement. Le maire de Trappes peut trembler. L'académie de Versailles lui a signifié sa désapprobation.

Ni la rectrice, ni le préfet, ni le ministre n'ont saisi la justice. Tout est-il faux dans ce monde-ci ?

Valérie Pécresse et Renaud Muselier réclament des actes. Ils dénoncent : « Cette intrusion dans un lycée, pour attaquer un peu plus encore un professeur déjà pris pour cible et sous protection policière, est inacceptable. » Ils demandent au ministre de l'Intérieur « la suspension immédiate du maire et des adjoints de Trappes, et le déclenchement de la procédure pour leur révocation ».

Jeudi 11 février. 16 h 17. Je reçois un texto du ministère de l'Intérieur. Le Service de la protection des personnes menacées m'est accordé. C'est un soulagement. Je transmets aussitôt mes remerciements au ministre.

Dans un tweet, le ministre Gérald Darmanin se félicite : « Didier Lemaire bénéficiait depuis plusieurs jours d'une protection des services de police des

Yvelines. Je lui ai proposé cet après-midi de bénéficier également d'une protection rapprochée. L'État est au rendez-vous de sa protection. »

Ma carrière d'enseignant est terminée.

Le soutien des Français

Parmi les nombreuses lettres de soutien que je reçois tout au long de ces semaines, venant des six coins de l'Hexagone, qui me portent et m'encouragent dans mon combat, toutes très chaleureuses, touchantes, celle-ci, reçue le 9 mars, m'a particulièrement ému[1] :

« Cher Monsieur,

C'est un fils d'immigrés algériens et musulmans qui tient à vous témoigner sa sympathie après le tourbillon de malentendus, mais surtout la haine et les mauvais procédés dont vous avez été et continuez d'être la cible. Je vous prie d'accepter l'expression de

1· Une lettre publiée dans *Causeur* le 29 mars 2021.

ma solidarité envers votre personne et votre métier si noble de professeur.

Je suis déjà un vieux monsieur (soixante-deux ans), un "chibani", et je partage entièrement, non pas votre pessimisme, mais votre constat : la France ni l'Europe ne vivent plus dans la continuité historique de leur culture et de leur civilisation. La cause est entendue, comme l'a prophétisé Spengler il y a déjà un siècle. J'étais pourtant jusqu'à il y a quelques années encore lesté d'un vague espoir de sursaut. En 1993, le sociologue Paul Yonnet essuyait une vague d'hostilité de la part des journalistes bien-pensants dont beaucoup sévissent encore aujourd'hui, après la publication de son *Voyage au centre du malaise français*. Il faut relire ce qu'en disaient alors les Joffrin, Szafran, Ferry, Jean-Paul Enthoven, Robert Maggiori, Colombani, Françoise Giroud, Gérard Leclerc, etc. Pour y répondre, il écrivait dans *Le Débat* : "Les choses sont ce qu'elles sont. Je n'écris pas dans la collection Harlequin ni pour la Bibliothèque rose. Ce livre est un livre sur la mort et sur l'angoisse. De la première à la dernière page, il parle de la mort, de la dilution. Non pas de la mort individuelle, mais de quelque chose de bien pire, de ce qui rend supportable la mort des individus parce qu'elle lui donne un sens, la certitude d'avoir été un maillon de la continuité collective, ce sentiment de sécurité identitaire minimal et proprement humain qui autorise à œuvrer sans développer d'insupportables angoisses sur l'avenir du groupe." C'était en 1993. On a prétendu vous faire dire que la ville de Trappes serait en quelque sorte "à feu et à sang". Je suis bien placé pour savoir, comme "musulman d'apparence" vivant dans une HLM parisienne islamisée, que la violence physique n'est pas nécessaire pour imposer un mode de vie et une culture totalement étrangers à la tradition française. Il y a à peine une semaine, tenant un chien en laisse devant l'ascenseur, mon voisin, père de famille tunisien qui se rend tous les jours à la Grande Mosquée toute proche, fort sympathique au demeurant, m'a supplié de ne pas l'approcher : "Si votre chien me frôle, je vais être obligé de refaire mes ablutions", m'a-t-il dit. Je vis en rasant les murs, supportant les insultes de gamins qui me surprennent avec une cigarette en période de ramadan, me traitent de *kouffar* parce que je vis seul, etc.

Il faut aussi supporter la transformation du paysage en plein Paris : femmes entrelardées, hommes barbus en kamis, etc. La "bande-son" aussi faite de dialectes exotiques auxquels on ne peut s'habituer lorsqu'on est amoureux d'une certaine langue qui constitue la vraie patrie. Il faut finir sa vie en exil. Croyez bien, s'il vous plaît, monsieur, à mon entier soutien et à ma toute cordiale sympathie.

Rachid B. »

Qu'est-ce que la laïcité ?

Nous avons oublié que la laïcité est ce qui fonde notre démocratie depuis la Révolution française.

Elle est gravée dans le marbre de la première Déclaration des droits de l'homme et du citoyen. Elle découle du principe philosophique d'émancipation des individus. Notre ignorance, pour ne pas dire notre amnésie, nous amène à faire fi des deux conditions sans lesquelles elle reste un idéal vide : l'ordre public qui garantit que la volonté des citoyens est réellement respectée, et la sécularisation des religions.

La laïcité, ce n'est pas la liberté de conscience, ni la séparation de l'Église et de l'État, ni la neutralité de l'État. C'est bien plus que tout cela. Elle existe bien avant la loi de 1905. La séparation du politique et du religieux et la neutralité de l'État ne sont en effet que des conséquences, ou les propriétés, d'un principe politique, énoncé dès 1789.

Selon l'article 6 de la Déclaration des droits de l'homme et du citoyen, « la Loi est l'expression de la volonté générale ». Autrement dit, la loi est d'origine humaine et non divine. Seule la souveraineté du peuple la fonde.

L'article 10 précise que « nul ne doit être inquiété pour ses opinions, même religieuses, pourvu que leur manifestation ne trouble pas l'ordre public établi par la Loi ».

Les convictions religieuses ne sont que des opinions comme les autres, discutables. Elles ne peuvent s'imposer à tous ou troubler l'ordre public établi par la Loi. C'est d'ailleurs la raison pour laquelle la République ne reconnaît pas le « blasphème ».

Dès lors que la Loi n'est plus fondée sur le sacré, l'expression de « droit au blasphème » n'a, en toute rigueur, aucun sens. La République ne reconnaît pas plus l'hérésie ou l'apostasie.

L'État, en s'interposant ainsi entre l'individu et la communauté, et en déclarant tous les êtres humains égaux, rend possible la liberté de croire ou de ne pas croire.

La loi de 1905, brandie par la vulgate pour expliquer la laïcité, ne se réfère pas à la laïcité en tant que telle. Pas une fois le mot de laïcité n'apparaît dans le texte. Cette loi se contente d'énoncer les modalités de la séparation juridique du religieux et du politique.

D'un point de vue philosophique, la laïcité est un principe d'émancipation des individus des croyances et de toute autorité entravant leur libre pensée et la libre disposition de leur corps. Adopté par l'État, ce principe se traduit en lois et institutions, qui promeuvent et garantissent la libération de l'individu vis-à-vis de toute communauté – religieuse, familiale, sociale ou clanique. L'État laïque se dresse contre toute tentative d'emprise sur les consciences et sur les corps par des autorités religieuses. Il garantit l'égalité de traitement de tous, quelles que soient leurs opinions. Neutre ou indifférent du point de vue métaphysique et religieux, il n'adopte ni ne favorise aucun culte[1].

Dissocier la laïcité de sa fin – à savoir la liberté de l'individu – revient à la vider de son sens en ouvrant la brèche au relativisme. Les religions n'auraient alors qu'à se prévaloir de la liberté de conscience pour imposer leurs commandements religieux aux individus et, bientôt, à la société tout entière.

---

1. Pour une analyse plus complète sur ce lien entre les principes philosophique et politique : *Français, encore un effort pour rester laïques*, Renée Fregosi, L'Harmattan, 2019.

Beaucoup ne voient pas, ou refusent de voir, que certaines « pratiques religieuses » dans l'espace public constituent des troubles patents à l'ordre public, à commencer par le port du voile, qui manifeste le refus de l'égalité des hommes et des femmes établi par la Loi. Le port du voile marque, en effet, un ensemble de pratiques contraires à l'égalité, comme le mariage forcé, la soumission de la femme à l'homme, l'atteinte à l'intégrité physique, la ségrégation, la mise sous tutelle aux « grands frères », etc. Les femmes voilées françaises, subrogées aux hommes, ne seraient donc pas des êtres humains à part entière.

Qu'est-ce qu'un trouble à l'ordre public ? Il s'agit d'une situation dans laquelle la paix est altérée, soit par des atteintes durables aux lois, soit par des atteintes directes à la paix ou à la sécurité. L'ordre public comprend l'ensemble des règles qui régissent la vie en société. Le trouble à l'ordre public est constitué dès lors que des lois et des principes de la vie en société ne sont plus reconnus. Si la manifestation des croyances prévaut sur la Loi, il y a trouble à l'ordre public. En effet, il ne s'agit plus ici de l'expression d'une simple opinion parmi d'autres, en l'occurrence une croyance, mais d'un acte de pression exercé contre la Loi.

Saisis d'amnésie, nos représentants ne remplissent pas la mission que notre peuple leur a confiée, en ne déclarant pas ces actes de pression communautaire – prières de rue, port du voile ou de tenues manifestant l'hostilité aux principes républicains, diffusion d'une idéologie appelant à la haine de la France, de ses institutions comme la police, etc. – comme des atteintes à l'ordre public.

On ne peut pas non plus comprendre la laïcité sans parler de sécularisation. En effet, pour se conformer au principe laïque, les religions catholique, protestante et judaïque, ont dû se « séculariser », c'est-à-dire admettre que la soumission à Dieu ne concerne que les croyants – et encore, à condition que ceux-ci se subordonnent au droit et aux institutions de l'État.

Or, en France, certains courants de la religion musulmane, travaillés depuis des décennies par des forces politiques, refusent ce cadre laïque. Ils cherchent à imposer leurs préceptes à l'ensemble de la société, tels la séparation des sexes et des communautés dans l'espace public, ou l'interdit du blasphème au prétexte qu'il serait « offensant ».

Au mépris des libertés fondamentales, et en toute impunité, cet islam met en œuvre des pratiques discriminatoires à l'égard des femmes, exerce des pressions constantes sur le mode de vie des gens, sur leurs opinions, menace les apostats, les esprits libres, et répand la haine des juifs, des catholiques, des homosexuels, des policiers, des militaires, des enseignants, et des Français. Par son refus déclaré et manifeste de se soumettre à la Loi, il n'est donc pas un simple « séparatisme », mais le fer de lance d'une contre-société dont le but est de remplacer nos mœurs et de saper l'ordre public.

Qu’est-ce que l’islamisme ?

L’assassinat de Samuel Paty a fait éclater au grand jour la complémentarité des différentes formes d’islamisme, dont le jihadisme fait partie. Les islamistes adoptent une posture victimaire, contestent la laïcité, afin de répandre la haine des représentants de l’État et des Français. Les jihadistes assassinent sauvagement en déshumanisant leurs victimes.

L’islamisme, en tant que doctrine politique, est né en 1928 avec les Frères musulmans. Ce mouvement ne cherche pas la primauté de l’islam en tant que civilisation, mais la suppression des autres civilisations par l’instauration d’un califat mondial.

Selon sa vision eschatologique, le califat islamique rassemblerait des « musulmans purs », sur le modèle de la « race pure » des nazis. L’islamisme partage en outre avec le nazisme la volonté obsessionnelle de détruire les juifs. Ce projet totalitaire a pour but de nier l'individu, d'éradiquer la diversité des cultures, et de créer un homme nouveau en perpétrant un humanocide ; d'abord, par le génocide des juifs et celui des apostats (celui des yezzedis dans le califat irako-syrien), puis par celui de tous les mécréants, à commencer par les chrétiens, les Français, et, enfin, tous les autres peuples sans fin. À la différence du fondamentalisme, l'islamisme ne poursuit pas une fin religieuse. Dépassant la tyrannie, il ne vise pas non plus une fin politique de domination, mais bien, comme le nazisme et le communisme, la déshumanisation d'une partie de l'humanité, en vue de créer un homme nouveau.

L'islamisme comprend plusieurs courants, dont les stratégies de conquête se complètent.

Le courant frériste, qui procède par l'infiltration de tous lieux de pouvoir, y compris intellectuel, par la pratique de la dissimulation, du double discours, du mensonge, la lutte idéologique par contamination, l'injonction paradoxale, etc.

Le courant salafiste ou salafo-frériste, qui cherche à polariser les milieux populaires et peu instruits contre la société, notamment par des pratiques identitaires incompatibles avec nos mœurs et nos valeurs démocratiques.

Le courant pakistanais tabligh, qui enrôle ses fidèles dans le prosélytisme, les contrôle et les sépare du monde, dans un projet de conquête territoriale « apolitique ».

Enfin, le courant jihadiste, de matrice fririste, qui prône principalement le recours à la terreur et la déshumanisation.

Affirmer que « tous les islamistes ne sont pas des terroristes » n'est pas *stricto sensu* inexact, mais faux. Il n'y a pas d'islamistes moins dangereux que d'autres. Tous les islamistes, qu'ils soient pour le jihad armé ou non, poursuivent la destruction des juifs et de l'État d'Israël, des apostats et des mécréants. Parler d'islamistes « quiétistes » serait aussi absurde que de parler de « nazis quiétistes ».

Pire, cela conduit à ne lutter que contre le jihadisme, assimilé faussement au « terrorisme », en laissant partout l'islamisme se répandre.

Telle est pourtant la politique de nos gouvernements.

Ignorer que l'islamisme est, selon l'expression de Bernard Rougier, « l'écosystème » du jihadisme, va de pair avec l'idée que le combat contre l'islamisme serait un combat non pas démocratique mais d'extrême droite. Une idée qui flatte ceux qui confondent l'adhésion à des idéaux politiques avec l'appartenance au camp du Bien.

Cette idée prend une tournure assez étrange dans la théorie qui prétend sans preuve que l'extrême droite identitaire et l'islamisme se renforceraient mutuellement. Certes, si l'extrême droite parvenait au pouvoir, une grande partie des musulmans français serait peut-être amenée à basculer dans le camp islamiste. Une guerre civile dévastatrice en résulterait sans doute. Mais, pour autant, faut-il penser que les anti-musulmans racistes – et il y en a ! – sont la cause du développement de l'islamisme et de l'islamisation des quartiers ? N'est-ce pas prendre l'effet pour la cause et, finalement, donner raison à ceux qui brandissent l'islamophobie pour faire taire toute critique de l'islamisme et de l'islam ?

Pourtant, cette explication par la pression identitaire est démentie par l'expérience : alors que l'extrême droite n'est pas au pouvoir, l'islamisme progresse partout d'année en année ; il renforce son emprise sur les quartiers pauvres à forte concentration immigrée, où il chasse ou absorbe les musulmans laïques ; il gagne l'université, l'école, les médias et jusqu'aux institutions.

Nous vivons désormais sous la menace permanente de tueries. Une situation à l'algérienne devient un scénario probable. Et cela, non en raison d'une pression accrue de l'extrême droite, mais bien plutôt à cause du soutien de l'islamisme par une large partie de la gauche, au nom de je ne sais quel « antiracisme » et, surtout, du fait de l'absence de volonté politique pour neutraliser cette offensive.

La politique ayant horreur du vide, l'extrême droite, qui se pose en défenseur de la laïcité contre l'islamisme, se nourrit des trahisons de la gauche, des abandons de la droite, et de son ventre mou qu'est le macronisme.

Nous ne pourrons défendre nos principes, hérités de l'humanisme, et redonner un avenir à notre pays, sans nous défaire de nos idées fausses sur la laïcité et l'islamisme.

La bienveillance du rectorat

La bienveillance du rectorat n'a pas de limite. Fin avril, la cheffe de la direction du personnel enseignant (DPE) me notifie officiellement un arrêté d'affectation. J'ai ordre de me rendre au lycée Georges-Braque d'Argenteuil pour assurer une suppléance.

Argenteuil : une sorte de Trappes du Val-d'Oise.

Dans le dernier rapport de la commission d'enquête du Sénat, « sur les réponses apportées par les autorités publiques au développement de la radicalisation islamiste et les moyens de la combattre », Mmes les sénatrices Nathalie Delattre et Jacqueline Eustache-Brinio résument ainsi la situation : « Aujourd'hui, les salafistes représenteraient environ 40 000 personnes sur le territoire national. Ils disposeraient, selon les travaux de recherche qualitative menés par l'équipe du professeur Bernard Rougier, d'un ancrage territorial significatif dans certains territoires. » Notamment « à Argenteuil, dans le Val-d'Oise », une ville décrite par le sociologue comme l'une des plus puissantes places fortes islamistes que compte notre douce France. « Il existe à Argenteuil une librairie et une école qui sont des références à l'échelle nationale pour les réseaux et les structures partisans d'un islam extrémiste. »

L'ordre est confirmé. Ce ne peut être une erreur administrative.

La cheffe de la DPE, présente à chaque entretien que j'ai eu avec le rectorat, sait que je suis placé sous protection, que pas un de mes déplacements ne se fait sans l'accompagnement d'officiers de sécurité. Elle sait que, si j'entre dans un lycée, je serai immédiatement reconnu, et que ma présence ne pourra pas ne pas occasionner de troubles. Ignore-t-elle alors qu'elle met ma vie en danger, ainsi que celle des personnes présentes dans l'établissement ?

Son ordre de mission est signé « Pour la Rectrice et par délégation », sur papier à en-tête du ministère de l'Éducation nationale, de la jeunesse et des sports.

Je pense au « soutien moral » du ministre, à ses mots, quand il écrivait qu'il me « réitérait l'assurance de la protection de l'institution face à toute menace dont je peux faire l'objet du fait de ma dénonciation des menées de l'islamisme politique ».

Je prends une avocate, et j'exerce mon droit de retrait.

Que cherche le ministère ?

Qui a tué Samuel Paty[1] ?

Douze personnes sont pénalement comptables de l'exécution de Samuel Paty, de l'assassin à la collégienne affabulatrice et son père le diffamateur. Mais ses collègues, sa hiérarchie, des décennies de politiques clientélistes – et finalement nous tous qui refusons d'être ce que nous sommes – en partagent la responsabilité morale.

On connaît l'assassin. Abdoullakh Anzorov. Dix-huit ans, citoyen russe d'origine tchétchène. Arrivé en France à six ans, bénéficiant du statut de réfugié. Un jeune homme, comme il en existe tant d'autres, qui pratique l'islam de façon obsessionnelle. Il s'en prend aux juifs, aux athées, condamne la danse, Netflix

1. Article paru dans *Causeur*, n° 89, avril 2021.

et même le Caprice des dieux, qu'il juge « impur », car « polythéiste ». Scolarisé dans un lycée professionnel, il parsème son agenda de symboles religieux et de « Allah Akbar ». Il ne parle pas aux filles qu'il appelle « les femelles ». Exclu à la suite d'une violente bagarre, il travaille dans le bâtiment.

Le 25 septembre 2020, il se met en chasse de personnes qu'il pourrait exécuter, puis prend contact avec deux jihadistes en Syrie. Après son passage à l'acte, le 16 octobre, il adresse au chef de l'État ce défi : « J'ai exécuté un de tes chiens de l'enfer qui a osé rabaisser Muhammad. »

On connaît également les présumés complices. Bénéficiant de la présomption d'innocence, ils sont tous mis en examen pour « complicité d'assassinat en relation avec une entreprise terroriste ». Ceux qui, par assistance, sont accusés d'avoir participé à l'exécution de Samuel Paty : trois proches qui l'ont accompagné pour l'achat d'une arme et l'ont transporté. Ceux qui, par incitation, ont désigné au bourreau sa victime. La jeune fabulatrice, qui accuse son professeur d'avoir « stigmatisé les musulmans ». Son père, qui publie plusieurs vidéos dénonçant l'« islamophobie » de l'enseignant (il porte plainte pour « diffusion d'image pornographique »). Abdelhakim Sefrioui, l'activiste islamiste fiché S pour « radicalisation à caractère terroriste », connu depuis 2004 pour ses positions antisémites et ses accointances avec les négationnistes d'extrême droite. C'est lui qui lance sur les réseaux sociaux la campagne calomnieuse contre Samuel Paty. Enfin, cinq collégiens, âgés de quatorze et quinze ans, qui désignent au tueur l'enseignant en échange d'argent.

L'un d'eux explique, lors de son audition à la PJ : « Je trouvais ça bizarre qu'un mec paye 300 euros juste pour des excuses. Avec les copains, on s'est imaginé des trucs, qu'il allait le tuer ou le kidnapper. Mais je le trouvais pas menaçant. »

Sur un plan strictement juridique, il y aurait donc au moins douze responsables : le tueur et ses onze complices.

On aimerait s'arrêter sur les motivations névrotiques de la famille de la jeune fille : sa jalousie envers sa sœur jumelle, le goût familial prononcé pour la fabulation. On est glacé par l'absence de remords de la fillette. Après avoir fini par admettre ses mensonges, elle déclare : « Si je n'avais pas dit ça à mon père, il n'y aurait pas eu tout ça, et ça n'aurait pas pris cette ampleur. »

De quelle « ampleur » parle-t-elle ?

On est aussi troublé par la duplicité de nombreux collégiens. Ils sont encore beaucoup, en décembre, à posséder sur leur téléphone une capture d'écran de la vidéo de la tête décapitée du professeur.

Et que penser de ces collégiennes qui revêtent le djilbeb le week-end et s'habillent normalement la semaine pour ne pas attirer l'attention, la consigne de leurs parents étant de faire profil bas ? Et puis, quelle est la part de responsabilité de tous ceux – collègues, personnels administratifs, responsables syndicaux, responsables de l'Éducation nationale – qui n'ont ni soutenu ni protégé le professeur parce qu'ils croyaient que ces menaces n'étaient pas sérieuses ?

Pire, la Fédération des conseils de parents d'élèves (FCPE), que Jean-Pierre Obin compte parmi les organisations « entrées dans l'orbite islamo-gauchiste[1] », aurait même « rappelé » au père qu'il pouvait porter plainte[2].

---

1. La FCPE a attaqué en justice Jean-Pierre Obin pour ses propos dans *Comment on a laissé l'islamisme pénétrer l'école*, Hermann, 2020 : « On observe aujourd'hui que plusieurs organisations "historiques" de gauche (la LDH, l'UNEF, la FCPE, par exemple), touchées par la crise du militantisme traditionnel, sont entrées dans l'orbite islamo-gauchiste à la faveur de la prise de pouvoir de militants d'extrême gauche, épaulés par l'entrisme d'activistes proches des Frères musulmans. Ainsi, Rodrigo Arenas, responsable de sa fédération de Seine-Saint-Denis, a-t-il ramassé en 2019 le pouvoir vacant dans une FCPE en pleine déliquescence. Très vite, il a donné des gages aux islamistes sur lesquels il s'appuyait pour gouverner la fédération du 93. » Le 3 février 2021, le tribunal a débouté la FCPE de sa plainte.

2. Comme en atteste un rapport au ministre de l'Éducation nationale, de la Jeunesse et des Sports – « Enquête sur les

Ces personnes ne savaient-elles donc pas, depuis la tuerie de *Charlie Hebdo*, qu'il suffit d'une prétendue agression verbale ou symbolique pour déclencher une tuerie ?

En effet, l'accusation d'islamophobie ou de blasphème ne sert pas seulement à faire taire toute critique de l'islam ou de comportements incompatibles avec nos lois comme avec nos mœurs. Elle est devenue une manière de désigner une cible. N'importe quel enseignant accusé publiquement d'islamophobie, qu'il enseigne à Trappes ou à Sciences-Po, sait ce qu'il risque. Car, dans l'écosystème islamiste, il y aura toujours un Kouachi pour passer à l'acte.

Les conditions pour que cet assassinat, ou plutôt cette exécution, puisse être commis sont connues : une immigration non maîtrisée, une intégration manquée, un islam qui refuse les lois de la République, des territoires gagnés à la « communauté ». Mais ces conditions ne font pas des responsables. Et les responsables ne se limitent évidemment pas au tueur, à ses onze complices, ni aux poignées d'hommes et de femmes qui « ne savaient pas ».

Alors, qui donc a tué Samuel Paty ?

événements survenus au collège du Bois-d'Aulne avant l'attentat du 16 octobre 2020 » en octobre 2020.

La droite clientéliste qui achète des voix avec des subventions quand ça l'arrange, négocie avec des organisations criminelles fréristes, promet le karcher dans les cités, mais supprime 13 000 postes de policiers et casse la police de proximité ?

La gauche, morte de ses lâchetés, qui a troqué l'universalisme pour le différentialisme depuis SOS Racisme, relayant le discours victimaire qui fait croire chaque jour un peu plus aux « musulmans » que les Français sont leurs ennemis ?

Ses alliés d'extrême gauche, islamo-gauchistes, indigénistes, devenus antisémites et racistes, qui réduisent les hommes à une appartenance tribale ?

La République en marche, qui a fermé les yeux pendant quatre ans sur les progrès de l'islamisme et qui traite à coups de mesurettes le fléau qui menace notre pays ?

L'extrême droite nationaliste qui ajoute encore un peu plus de bêtise et de haine à une situation déjà périlleuse ?

J'ai posé la question à un commissaire de police :

« Monsieur le commissaire de police, selon vous, qui a tué Samuel Paty ? »

Après quelques instants de réflexion, le commissaire m'a répondu :

« Le refus d'être qui nous sommes. »

Personne ne parle

16 octobre 2020, aux alentours de 17 heures. Éragny, rue du Buisson-Moineau, à quelques centaines de mètres du collège du Bois-d'Aulne de Conflans-Sainte-Honorine.

Un enseignant sort en voiture de son collège. Il passe dans une rue et, voyant un homme à terre, s'arrête. Il pense à un accident. Il descend de son véhicule et reconnaît au sol son collègue, Samuel Paty. Un homme, penché sur son corps avec un couteau, est en train de le décapiter. L'enseignant remonte dans sa voiture. Il ne prévient personne. Il roule 600 kilomètres et retrouve sa maison de vacances.

« Le monde est déjà filmé. Ce qui importe,
c'est de le transformer. »

Guy Debord, dans le film *La Société du spectacle*

Lettre aux Français

Chères Françaises, chers Français,

Les piliers de notre République vacillent. Notre pays souffre d'un malaise psychique, social, culturel. Nous souffrons aussi de notre histoire, comme si nous cultivions dorénavant le désaveu d'être ce que nous sommes, nous, les héritiers de l'humanisme, du christianisme et de l'invention grecque de la raison.

Notre République et notre culture sont en danger. L'islamisme se propage partout sur notre sol. Si nous ignorons la menace, il paraît inévitable que les tueries se généraliseront. Voire, qu'un jour, notre pays basculera dans la guerre civile et la partition. Nous devons agir. Nos ennemis se félicitent lorsqu'ils entendent notre chef ne répondre à leurs massacres que par des bouffissures et des postures compassionnelles. Nos morts ne sont pas les personnages d'un film de fiction.

Allons-nous continuer à élire des personnalités politiques plus préoccupées du spectacle qu'elles donnent que de notre avenir ? Nous sommes tous las de nos ministres de papier et de nos monarques en carton-pâte. Même si, à chaque élection, nous en élisons de nouveaux, comme pour un casting, et que c'est le même cinéma. Nous nous leurrons en espérant qu'ils incarneront mieux leur fonction, alors que nous les avons élus pour leur jeu d'acteurs.

Les années passent, la France n'est pas gouvernée. Et si elle l'est, elle l'est mal. Les déficits se creusent. Un sixième de nos concitoyens vit sous le seuil de pauvreté. L'école décline, la police n'est plus respectée, la justice n'est plus correctement rendue. Nos universités sont gangrenées par l'idéologie. Nos prix Nobel s'en vont. Nos élites préfèrent exercer leurs talents dans des pays où leurs mérites sont mieux reconnus. Nous laissons entrer sur notre sol chaque année un flot de 300 000 étrangers, pour la plupart pauvres, peu instruits, peu qualifiés, et qui n'ont ni les moyens ni le désir de faire partie de notre nation. Un mal, moins visible, menace enfin d'effondrement notre maison déjà bien mal en point. Nos liens s'étiolent ; liens sociaux, liens civiques, sont remplacés par le repli sur soi et des appartenances identitaires clivantes.

Pendant que notre pays s'affaiblit, ceux qui nous représentent ne font, par leurs petites phrases et leurs palinodies sans effet sur le réel, qu'assurer le spectacle. Leur pouvoir n'est qu'un pouvoir spectaculaire, un pouvoir de l'illusion qui n'est que l'illusion du pouvoir.

Pas plus que le spectacle du Bien ne fait de nous des êtres bons, le spectacle de notre souveraineté ne fait de nous des êtres souverains. Souvenons-nous que nous avons fondé la démocratie pour nous, et que le but de toute association politique est la conservation de nos droits naturels et imprescriptibles, la liberté, la propriété, la sûreté et la résistance à l'oppression. Souvenons-nous que le principe de toute souveraineté réside essentiellement en nous-mêmes.

Françaises, Français, il faut nous retrouver nous-mêmes. Il nous reste peu de temps pour réfléchir à notre avenir. Nous devons agir, établir de toute urgence un plan de défense de la France, fondé sur la reconquête républicaine. Ce plan, élaboré par un comité de salut national, devrait comporter des objectifs clairs et un calendrier d'étapes pour stopper l'offensive islamiste. Il serait débattu et voté par notre Assemblée nationale. Le gouvernement serait chargé de le mettre en œuvre. Nous retrouverions ainsi la confiance qui nous manque tant et la direction qui nous fait défaut.

Reprenons en main la conduite de notre pays !

Vive la République ! Vive la France !

À une isle.

Merci à François, Laurent et Brigitte.

Correspondances

Comment vous dire ma gratitude pour vos messages de soutien et, plus encore, votre sollicitude ? Vos réponses m'ont comblé de joie. Elles sont venues de partout.

Pierre, de Grenoble, vous citez ce mot de Goya : « Le sommeil de la raison engendre des monstres » et vous m'offrez l'hospitalité : « Monsieur, chapeau bas, d'abord, pour ce que vous avez le courage politique de faire. Ensuite, et si d'urgence vous cherchez un point de chute, n'hésitez pas. » Isabelle, de Guntzviller, déçue par la réaction du gouvernement après l'assassinat de Samuel Paty, « parce qu'on ne touche pas à l'École de la République ! », vous me proposez de m'accueillir : « Si vous aviez besoin de vous mettre au vert – aux deux sens du terme – et que la police estimait l'endroit assez sûr, je serais honorée de vous ouvrir temporairement notre maison, et de participer ainsi à la défense concrète de notre pays. »

J'ai découvert peu à peu, en lisant vos lettres, comme celle de Nadine, de Pontoise, que nous sommes « nombreux à faire le même constat, à des degrés différents ». Une même volonté de recouvrer la paix dans notre société nous anime. De Rousset-les-Vignes à Provin, en passant par Lucé, de Lorient à Nîmes, en passant par Cognac et Rennes, de Biarritz à Paris, de toutes parts, vous m'avez encouragé à ne rien céder.

Chacun de vos mots, anciens collègues, anciens élèves, depuis mes premières années, m'a porté. Par votre diligence, vos conseils et vos témoignages de sympathie, vous, policiers, avez renforcé ma détermination. D'aucuns, femmes et hommes politiques m'avez soutenu, parfois malgré vos fonctions. Vous, dont je dois taire le nom, m'avez avoué : « Cela reste entre nous, mais je salue votre combat et suis de tout cœur avec vous. Ce que vous faites pour notre pays est salutaire. »

Quelle chance de vous savoir si nombreux à vouloir que la France – sa démocratie, sa culture – persiste dans son être ! « Elle en a vu d'autres par le passé », comme l'a écrit l'un de vous, des Ponts-de-Cé.

Puis ce message de vous, élève de la classe que j'ai dû quitter cette année :

« Bonsoir Monsieur,

Voilà, petit message de soutien, si j'ose dire. J'espère que vous vous en sortez et que vous vous portez bien depuis que nous ne vous voyons plus. Soyez fier et convaincu de vos positions, car vous n'êtes ni seul ni fou. Je ne peux qu'appuyer la véracité de vos propos étant moi-même musulmane, à moitié maghrébine, et habitant à Trappes. Ne vous taisez jamais, car moi, je regrette de parfois devoir rester discrète.

Je ne sais pas ce que vous prévoyez de faire, mais vous avez déjà mon soutien, celui de ma mère également. Si vous avez besoin de quelque chose, n'hésitez pas. Je n'hésiterai pas non plus à vous informer de ce que je peux estimer important de vous transmettre.

Passez une excellente soirée. »

Table

pca
cmb
édition pré-presse
livres numériques

44400 Rezé

MIXTE
Papier issu de sources responsables
FSC® C003309

L'éditeur de cet ouvrage s'engage dans une démarche de certification FSC® qui contribue à la préservation des forêts pour les générations futures.

Pour en savoir plus :
www.editis.com/engagement-rse/

Ce livre existe grâce au travail de toute une équipe.

Communication : Caroline Babulle, Sandrine Perrier-Replein, Typhaine Maison, Adélaïde Yvert.

Coordination éditoriale et administrative : Céline Poiteaux, Martine Rivierre.

Studio : Pascaline Bressan, Barbara Cassouto-Lhenry, Joël Renaudat.

Fabrication : Muriel Le Ménez, Céline Ducournau, Bernadette Cristini, Phousa Chantharath, Isabelle Goulhot, Émilie Lapan (Canada).

Correction : Emmanuelle Coppeaux, Valérie Gautheron.

Commercial, relation libraires et marketing : Laetitia Beauvillain, Alexandra Profizi, Élise Iwasinta, Morgane Rissel, Aurélie Scart, Clément Vekeman.

Cessions de droits : Isabelle Votier, Benita Edzard, Lucile Besse, Sonia Guerreiro.

Gestion : Sophie Veisseyre, Chloé Hocquet, Isabelle Déxès, Camille Douin.

Services auteurs : Viviane Ouadenni, Jean-François Rechtman, Catherine Reimbold.

Ressources humaines : Mylène Bourreau.

Juridique : Laëtitia Doré, Anaïs Rebouh, Valérie Robe, Jean-Benoît Vassogne, Julia Crosnier.

Diffusion : Aurélia Spalacci (directrice des ventes), Nadine Eugénie, Céline Pitt, Arnaud Weill, Hervé Adamczyk, Annie Bourgade, Éric Charpentier, Gilles Couillard, Sandrine Ducrocq, Élisabeth Ehlinger, Guillaume Loras, Jean-Philippe Pilloux, Philippe Maulnier, Gilles Torché, Élisabeth Gastaldo, Jean-Pierre Stephany (Belgique), Olivier Béguin (Suisse), Jean Bouchard et Marie-Ève Provost (Canada), Emmanuelle Cadot, Virginie Godet et Caroline Pan.

Ainsi qu'à toutes les équipes d'Interforum et d'Editis qui participent à la création, la diffusion et la distribution de ce livre.

Canoros
Vehit
Canentes

Imprimé en France par CPI
en septembre 2021

N° d'édition : 62619/01 – N° d'impression : 3044994